# 良いセックス 悪いセックス

斎藤綾子



幻冬舎文庫

# 超セックスライフ・チェックシート

あなたはいくつ当てはまりますか？
集計してからこの後の診断表で診断してみましょう。

- □ オナニーが好きだ。
- □ ＳＭっぽく折檻されるのも好きだ。
- □ 女の体を見るのはもっと好きだ。
- □ オナニーを17回連続でやって、目眩がしてやめたことがある。
- □ フェラチオでチェックするのは、サイズ、硬さ、長さ、光沢、勃起角度である。
- □ 仲の良い女友達の恋人と、セックスしたい衝動に駆られることがある。
- □ 電車の中でする痴漢ごっこが、ベッドの上よりも感じてしまうことがある。
- □ 中学生と乱交パーティーをやったことがある。
- □ パグ犬に股間を舐められて、想像よりも気持ちよくて動揺したことがある。

- □ ローターを膣に突っ込まれたまま映画館でロードショウを観たことがある。
- □ メンソレータムを塗った指先で濡れたヒダを触られまくると、失禁するほど気持ちいい。
- □ 満員の地下鉄に乗っていると、男のエキス風呂に浸かっているようですごく幸せな気分になる。
- □ アナルに指を入れる場合は、静かにマッサージをくり返し、充分に弛みきってからやるべきだ。
- □ 胸に手を当てるよりも、股間に中指を入れて考えごとをする方が多い。
- □ ペニスが小さい男よりも、自分の膣にフィットして存在感のあるペニスを持った男の方が絶対にいい。
- □ ペニスを挿入するなら、できるだけ深いところまで入れて、亀頭を子宮口に当てて「の」の字を書いて欲しい。

- □ セックスは若いうちに目一杯やっておくべきだ。なぜならこういうものは、頭よりも体で覚えるものだから。
- □ 具体的な相手はいなくても、男を思うとズキッと股間がしびれることがある。
- □ 自分の中にある性幻想を、ひそかにニヤニヤもてあそぶほど楽しいことはない。
- □ 真っ昼間からビルの屋上や非常階段に連れ込まれて、ケダモノのようにSMチックにやりまくったことがある。
- □ 性欲をスポーツで汗を流すように男の体で晴らすのも、時にはいいものだ。
- □ セックスが量だけでは満足できず、だんだんと質も求めるようになってきた。

# 超セックスライフ診断表

前頁で集計した点数にあてはまるものが
あなたの「良いセックス度」「悪いセックス度」です。

## 0〜3の人

潔癖性が炎症を起こす引き金になるとは、思いも寄らぬことかもしれませんが……。性器の仕組みや働きを正しく知ることが一番大切なようですね。**あなたは、良いセックス度0%、悪いセックス度0%です。**

## 4〜7の人

どの程度の触り方が一番感じるかは、ペニスの握り具合にしろクリトリスの転がし具合にしろ、個人差があって色々です。たまには自分の身体をお手入れするつもりで、充分に時間をかけてオナニーをしてみてはいかがでしょうか。**あなたは良いセックス度10%、悪いセックス度20%です。**

## 8〜12の人

今、あなたが無意識に実行している禁欲も、実は快楽を得るための大切な手段なのです。**あなたは、良いセックス度50%、悪いセックス度50%です。**

## 13〜16の人

交換する情報は、気持ちよかった体位、新しく覚えたテクニックなど。そういった自慢できる性戯を絵に描いたり実際にポーズをとったりして、説明し合うのもいいことです。**あなたは、良いセックス度90%、悪いセックス度30%です。**

## 17〜20の人

あなたの長所は、お互いが違う生き物なのだということを理解して、どちらかを一方的に教育するとか、洗脳するというようなことをしないところです。距離を保ったまま違いを楽しむことができて、似通った部分を面白がれる。**あなたは、良いセックス度90%、悪いセックス度60%です。**

## 21〜22の人

あなたはウルトラマンコチンポ。**良いセックス度、悪いセックス度、共に100%です。**

本文4コマ漫画　安彦麻理恵

CONTENTS

# 良いセックス悪いセックス

## 第三章　ものすごくポパイな股間

## 第四章 セキララ妄読日記

## 第五章　いつでもどこでも相談室

# 第一章　良いセックス　悪いセックス

はじめまして。何から書こうかなァ。そうだな、まずは仕事のことを話しましょう。

　私は恋愛小説にかこつけて、セックスを書くのを生業《なりわい》にしています。もちろんセックスってのは、書くよりやる方が断然イイ。……と、ちょっと前までは思っていたんですけど。

　以前は、男ができると仕事なんかそっちのけで、一日中セックスしまくっていました。例えば朝の新宿の街で、男の腰に腕を搦《から》めてボーッとホテルから出て、ボーッと喫茶店に入って、ボーッとモーニングセットを食べて、別れるのが辛《つら》いんだけど、仕方なくボーッと駅に向かう。

　そこで改札から吐き出されてくるサラリーマンの群れを見て、とたんに恐くなって、男と手を取り合って、人気《ひとけ》のない方向にダッシュで逃げる。

　逃げ込む場所は、公園だったり、デパートの屋上だったり。とにかく男と二人で、ベタベタしながらボーッとできるところならどこでもいいんです。

で、ベンチなんかに横になって、キスして、体をまさぐりあって、またセックスしたくなって、トイレに駆け込んで。ペニスが私の中にあるのが当たり前で、ないとお互い情緒不安定に陥っちゃう。

そんなふうだから、男は会社を休むことになる。私も自分の部屋に帰らない。その間、男の女房が怒り狂って、私の部屋の電話は鳴りっぱなしになっている。

それで、私と一緒に暮らしている女が、私の代わりに女房に罵《ば》詈《り》雑言《ぞうごん》を浴びせられたりして。

その様子を聞いたら、ますます何だか欲情しちゃって、一カ月ぐらい男とホテルを泊まり歩くことになるわけです。

しかし大抵は、金の切れ目が縁の切れ目で、財布がスッカラカンになると、男はブツブツ言いながら女房の元に戻ってゆくのね。それで私は腹を立てて、もっと甘やかしてくれる男のところへ転がり込むんだけど。

優しい男の胸に抱かれてさんざん泣いて、気がすむまでセックスして。時には、何で泣いているかバレて、SMっぽく折檻されて。

それにも飽きたら、やっと自分の部屋に帰って仕事に励む……というような非常に自分勝手な生活を送っていたんですね、ちょっと前までは。

そんな状態で、自力で食べていけるわけがないんで、当時の私は男と一緒にいることを、つまり恋愛を生業にしていたわけです。

そう、だいたい男が五人くらいいれば、衣食は十分足りた。それどころか、海外旅行やら何やら、おまけが付いたりして。稼ぐのは家賃の分だけでよかったんです。

私は彼らの情婦で、男と一緒にいる時は、誰とでも全身全霊をかけて気持ちよくなろうとしてたみたい。それに、もちろん男を気持ちよくさせる自信もあったしね。

中には、こんな私にプロポーズしてくれるお人よしもいたけど、飼い殺しだけは絶対に嫌だった。どんなに優しくされても、野放しにしてくれなきゃ、死んじゃう気がした。

そんなこんなで、未だに独り者です。

今付き合ってる男はいますが、以前のような情婦っていう関係じゃない。セックスするのを忘れるぐらい、意味もないおしゃべりをしてる方が、何だか楽しいという関係です。

ババアになったおかげで、体力気力に限界を感じ、セックスという行為が必要なくなったのかもしれません。それよりも、小説でセックスを描く方が、今はずっと面白いの。

もともとオナニーは大好きで、一日連続十七回もやって、目眩《めまい》がしてやめたということもあるぐらいなんですけど。下手《へた》な男に抱かれるより、オナニーの方がよっぽど気持ちイイもんね。

それに、セックスするシーンを文章にしてゆくのは、直接クリトリスを触るよりずっと刺激的だから。言葉を操《あやつ》るのが難しい分、自分を焦《じ》らせて楽しめるし、どんな男と、何をやっても、誰にも怒られないしね。

だって小説の中なら、親友の恋人に手を出しても、絶交を言い渡される心配はないでしょう。今までは、現実にそれをやらかして、人間関係をメチャクチャにしてきちゃいましたから。

そういう過去の記憶と、オナニー好きの体質を活かして、今は更生している最中なんだと思います。それでお金がもらえるんだから、こんなラッキーなことはない。

具体的な相手はいなくても、男を思うとズキッと股間が痺《しび》れる。とにかくセックスしなけりゃいられない。そんな欲情する自分を持て余してるなら、とにかく小説を書いてみてください。自分の中の性幻想を弄《もてあそ》ぶことほど、気持ちイイことってありませんから。

私の知り合いに、すっごくモテる男がいる。

年上の人妻に誘われて、熟した肉体を美味《おい》しくいただいたかと思えば、同い年の女に二股かけて、「今のままでいい。別れたくない」なんて両方を泣かせたりしてる。

しかもそのゴタゴタの最中に、年下の女のコたちにキャピキャピなつかれて、元気なセックスを摘み食いしているんだ。

広い家にひとりで住んで、スタイルもルックスもそこそこよくて、手先は器用だし、スポーツも万能。避妊にも几帳面で、何気なくマメで、そのうえセックスが上手《うま》い。

こういう男が、料理も洗濯も掃除も女以上にこなせるとしたら、結婚する必要も感じないわけで、セックスの相手なら掃いて捨てるほどいるし、あっちこっちで女のコを泣かせても、「困ってる」と笑ってすんでしまう。

いたんだね、まだこういう悪い男が。いや、本当は全然悪くない。バラの花束を革ジャンの中に抱いて、バイクを飛ばして誕生日に駆けつけてくれるような、ロマンティックでパワーがあって、とってもイイ男なんだけどさ。

それでも女たちは泣いて言う。

「どうして私だけじゃダメなの⁉ 他の女の中に入れたペニスなんか汚らしくってイヤ！ あの人を世界一愛しているのは私なのに‼」

そうだよね、愛してるから嫉妬《しっと》するんだ。嫉妬は疲れるけど、正直な感情だからしょうがない。

それで、さんざん泣いたあとに、溜息まじりに彼女たちは言う。

「どうやれば、あの人の気持ちを、私のものにできると思う？」

それはとっても難しい。まァ、方法がないわけじゃないけど。

愛され慣れていて、女以外に夢中になれることがあって、ひとりでいるのが好きな男だったら、世間の目を気にしない限り、まず結婚は考えないと思った方がいい。

だから、「私だけのものにする」＝「結婚」っていうふうに考えてるなら、彼のことはスッパリ諦めて、もっと家庭的な結婚をしたがってる男を捜すことだ。

「そんな簡単に乗り換えられるなら、相談なんかしないわよッ」

そう怒らないで。とにかく結婚で、彼を追い回すのだけはやめよう。いいことは絶対にないからね。

「ええ、でも私、あの人の子どもが欲しいの。だから妊娠するつもりよ。そうすれば……」と、言い出す女のコがいる。

気持ちはわかるけど、あまりに無謀だよ。女に不自由しない男に限って、避妊には神経質だし、そういう下心がバレると、プイッと態度が冷たくなるんだから。

彼と別れてひとりきりで、彼のミニチュアを育ててゆくぐらいの覚悟がなけりゃ、きっと後悔する。博打《ばくち》じゃないんだ、やめようね。

じゃあどうすれば、彼を独占できるのか？

私だったら、独占しようなんて考えず、思いっきりセックスを楽しんで、あとは友達になっちゃうけどなァ。……と、きっとこういう女が、一番許せないタイプなんだよね、本気の彼女たちにとっては。

だけど、考えてみて。彼がひとりでも平気でいられるのは、愛され慣れているからで、周りの女が私みたいなお気軽なセックスフレンドばかりだったら、たぶん我慢できなくなると思う。

この手のワガママなロマンティストは、愛されることで生きているんだもん。だから蹴落《けお》とさなきゃならないのは、自分と同じ、本気で惚《ほ》れている女だけでいいの。暇な人妻とか、ただのセックスフレンドにキリキリすることはない。

あーッ、これでやっと、具体的な対策について話が進められる。そう、ライバルを蹴落とす方法ね。

だが、博愛主義者の彼は、そんな行為は大嫌いなんだ、建前では。だから万が一、彼と一緒の時に他の女とバッティングしちゃったら、カッとなっても顔に出しちゃいけない。「あら、初めまして。お友達？」ぐらいに留《とど》めること。

それからは、彼がどう出るかを待った方がいい。何の反応もなければ、悲しいけどその女とアナタは、彼にとって同列の存在。爆発するなら、直接彼を問いただそう。「あの女とどういう関係なの？」ってね。言うタイミングを失うと、その女との縁が切れるまで、何も言えなくなってしまうよ。

だって時間が経《た》ってから責めたら、「あの時、何で言わなかったんだ」と、あなたの怯《おび》えを見抜いて彼はきっと反撃するから。より深く愛されたい彼は、事が起きた直後に責められるか、一生その件に触れないか、どちらかじゃないと納得しないんだ。

そう、すべてがコレ。つまり彼を独占したいなら、そうやって事件が起きるたびに問いつめるか、あるいは何も聞かずにひたすら愛情を注ぐか。そのどちらかで、十年ぐらい延々他の女を蹴落としてゆくしかない。勧めはしないけど、やるなら腰を据えて。健闘を祈る。

一人の男だけと付き合うって、すごく不自然なことだと思う……なんてこと言うと、怒られちゃうかもしれませんが。私が二十二、三の頃は、世界がバラ色ってほど、いっぱい男たちが寄ってきて、毎日がお気楽極楽でした。

セックスはやり放題だし、食事代もホテル代も、お金がかかることは、全部男に任せりゃよかった。嫉妬されて頭にくれば、プイッと冷たくするだけで、みんなすぐに言うことをきくしね。

ただ恋人ができないってことがちょっと焦りのタネでしたが。そう、何人もの男と付き合っていても、本命なんかいなかったの。気が合う程度の好きって感じで、完璧にステキな男には出会っていなかった。

Aはお金持ちだけど、話がつまんなくて。Bは頭もいいし格好もいいけど、早漏だから物足りないし。Cはセックスのテクニックは抜群だけど、結婚してるから連絡とるのが面倒臭い。Dは可愛いし性格もいいしセックスもいいけど、貧乏だからついていけない。Eはそこそこすべての条件を満たしているけど、仕事が忙しくて滅多に遊べない……。と、まァこんなふうに、いつも五人ぐらい同時にダーッと付き合っていたんですね。

こんなことをしていると、ヤリマン女とか、公衆便所とか陰口をたたかれて、自己嫌悪に襲われるらしいけど。そういえば、私も付き合った男から、予言めいたことを言われた覚えがあります。

「そんなふうに遊んでたら、いつか絶対に後悔するぞ。好きな男ができても、気がつかない体になっちゃってるのさ。いい気味だ」

なんてね。別れの捨てゼリフってヤツでしょうか。

でも私は、そんなの鼻で笑ってました。だって、ペニスが小っちゃくて気持ちよくない男より、私の膣《ちつ》にフィットして、存在感のあるペニスをもった男の方が絶対いいに決まってるもん。

そうやって、五人のメンバーを次々に入れ替えて、何の疑問も抱かずに、まるでコンビニで食べたいものを買う気軽さで、ズゴバゴやりまくっていたわけです。

しかし二十六歳を過ぎた頃から、だんだん男と遊ぶのにも飽きてきて……。もっと心に染みるような、取り替えのきかない関係が欲しくなったんですね。つまり恋人と呼べる男が必要になったわけです。

だけど、いい思いをいろいろ知っちゃってるから、生半可な男なんかにゃ気持ちがそそられない。でも、今までみたいなセックスフレンドっぽい男たちだけじゃ、欲求不満で堪《た》えられない。これはもう、絶体絶命のピンチでした。

極楽からいきなり地獄に落ちた感じ。で、それまではいつでもどこでもセックスする、ただのケダモノだったのが、いきなり悪魔になっちゃったんです。

例えば、好きな女友達の恋人と、セックスしたい衝動に駆られてしまう。そう思ったら我慢できない。彼女が紹介すると言い出せば、待ってましたと飛んで行って、こっそり誘惑しちゃうわけ。

セックスをチラつかせれば、男たちは百パーセント、デートを申し込んできましたから。会ったら公園や映画館で、ペッティングだけして別れるんです。そうすれば必ず電話で誘ってくるようになるのね。それでテレホンセックスみたいな、夜中の電話を楽しむわけ。

でもその時点で、既に私の頭は、3Pに持ち込む計画でいっぱいになってるんです。

「ダメよ。彼女に怒られちゃう。もう会うのはやめましょう」なんて純情ブリッ子しながら、頃合いを見計らって、

「でも本当は、私だって抱かれたいのよ。もし彼女がいいって言うなら……ああ、ダメ、そんなことありえない。……でも、ひょっとしたら、三人でするなら許してくれるかも……」

これでバッチリ、男の頭も股間も、女二人を相手にする3Pの光景で、はちきれそうになっちゃう。

実行にうつす時は、もちろん彼女に相談などしません。私と彼とで打ち合わせて、三人で誰かの部屋に集まるようにして、何となくそういう雰囲気をつくるの。

彼がその気だってわかると、女友達は困惑した表情で、大抵はなすがままになる。中には彼女に泣かれても、放ったらかしにして私を抱いた男もいました。

これって悪魔でしょう。そのくせ3Pしたあとに、「あんな誘惑に弱い男、早く別れた方がいいよ」なんて彼女を宥《なだ》めたりして。何を考えていたんでしょうか。

もちろん今はもう、悪魔は小説の中に閉じ込めてしまってますから、悪さをすることもありません。が、時々胸をカリカリ引っ掻《か》いて、出て来ようとする時はあります。

みなさんは、悪魔とは無縁の生活を送っていますか？

好きな男とするセックスと、好きでもない男とするセックスと、どっちが気持ちがいいかと聞かれれば、

「そりゃ好きな男に決まってるじゃない!!」

と、つい答えてしまいそうになる。……が、ちょっと待って。

もちろん好きな男との、涙がこぼれちゃいそうな感じるセックスっていうのは、最高に気持ちいいと思うよ。でもさ、好きでもない、どちらかといえば嫌いな男との、肉体を道具にしあう恍惚《こうこつ》っていうのも、なかなか捨てがたい気持ちよさだとは思わない？

前にも書いたけど、二十代の中頃まで、私は手当たり次第に、出会った男とセックスしまくっていたわけね。恋愛なんて面倒臭い手順を踏まなくたって、隙さえ見せれば男たちは、すぐに私をホテルに連れ込もうとしたから。

「そんなつもりはなかったのにィ」って、私は被害者のフリをして、いつも無責任にベッドに組み伏されてたんだよね。

で、セックスがつまらなければ一回でサヨナラしちゃうし、意外に気持ちよかったら、何となく恋愛っぽくデートを重ねる。そうやって、ベッドの外での男の態度や品性を吟味していたのね。

男たちは、オシャレだったり、金離れがよかったり、色んな情報を網羅してたり、みんなそこそこ取柄《とりえ》はあった。だけど傑出した魅力はないんだよね。だから一カ月も経てばセックスにも飽きて、会う必要もなくなって、自然消滅的にサヨナラしちゃう。

だいたいそうやって、手持ちの男をアトランダムに入れ替えていたんだけど、中に一人だけ、全然好きじゃないのに、誘われたら断れない相手がいたんだ。

今思い返せば、彼はとっても紳士だった。私を電話で誘い出した時には、必ず食事をご馳走してくれて、映画でも展覧会でも、どこにでも行きたい場所にエスコートしてくれたんだよね。

だけど私は彼が嫌いだったの。彼の食事の仕方も、歩き方も、私のことを見る目も、何もかも腹が立つほど嫌だった。どうして嫌なのか、彼のどこに腹が立つのか、そんなこと理屈で言えないぐらい生理的に大っ嫌いだったんだ。

ところがセックスだけは、死ぬほど気持ちいいのよ。

彼のペニスが私の膣をコネ回している時の恍惚といったら、「どんな恥ずかしいことでもいたします」ってぐらい気持ちいいわけ。デートで街をブラブラ歩いている時は、ひたすら不愉快で、「早くこの男と別れて一人になりたい」と思っているのにさ。

だから私の機嫌が悪い時は、彼は私を人気のないところに連れ込んで、パンティーの中に指を突っ込むようになった。

「言うことをきかないと、セックスしてやらないぞ」

ってね。そう囁《ささや》かれると、私はすぐに濡れて従順になったから。

つまり文化的接触をするより、電車の中で痴漢ごっこをする方が、断然感じるインラン女なんだと（他の男には、これほどじゃなかったんですけど）、やっと彼も気がついたわけ。

そんなふうに、性的接触になると極端に私が喜んだせいか、それとも彼自身にそういう趣味があったのか、私を縛ってバイブレーターを突っ込んだり、そのままアナルセックスしたり、時には真っ昼間からビルの屋上や階段に連れ込んで、ケダモノみたいにSMチックにやりまくった。

で、ヘトヘトになって裸のまま股間を濡らして私は眠っちゃう。目が覚めると、また彼の硬いのが私の中に入っていて……。食事をしながらセックスしたり、浣腸されて、便器に向かい合わせに座って、座位でセックスしながら脱糞させられたり、ちょっとここでは書けないようなワイセツな行為に、平気でのめり込んでいたのよね。

そうやって果てしなく性的接触を続けていないと、セックスが終わって私がシラフになったら、魔法が解けたみたいに、また不機嫌になっちゃうから。そうなったら彼は、どうしていいかわからない。私も自分をコントロールできない。険悪な雰囲気を彼に押しつけて、逃げ出すようにバタバタ帰るっきゃないんだよね。

だから、彼とのいい思い出はセックス以外にないの。それも誰にもされたことがないような、意地悪で乱暴で気持ちいいセックスの記憶だけ。

こういう関係を、ひょっとしたらセックスフレンドと呼ぶのかもしれない。でも、フレンドというほど気楽じゃなかった。たぶん、もっとどうしようもなく必要な相手だったんだと思う。

えッ、今はどうなったかって？　うん、私が引っ越してから、一度も会っていないわ。記憶があまりにエロティックでさ。恥ずかしくて、会いたいけど会いたくないの。

今回は、遊び狂っていた十代のあの頃から、人が変わったようにセックスレスな生活を送っている今日までの、付き合ってきた男の種類について振り返ってみようと思います。まァ、男を種類で分けられるほど、一人一人とコッテリ付き合ったわけじゃないけどね。それでも二十代の終わり頃から、やっぱり男に求めるものは徐々に変わっていったんだ。

二十歳前後のピチピチムチムチの頃は、面倒なことを言わない男なら、カムカムエブリバディで、エニイタイムOKだった。愛ってのは、「私に、お金と体力と時間をかけてくれること」だったから、当然のように同い年の貧乏な男たちとは無縁だったのね。

それでクルーザーを持っていて、ベンツを乗り回している、時にはライフル片手にハンティングにも連れて行ってくれる、「金なら唸《うな》るほどあるぞい」っていうオジサマなんかと付き合っていたわけ。

何でそんな男に巡り会えたのかというと、それは私が自分に自信があったからじゃなくて、頭がよかったからでもなく、ただただ動物の雌としての直感やら嗅覚に優れていたからだと、今では思う。それと、親の世話になりたくない意地っぱりな性格も手伝って……。

学生時代、親に食わせてもらうことに嫌気がさしていた私は、とにかくすげェー貧乏だったので、食うためには働かなきゃならなかったのね。でも勉強は苦手。だから家庭教師にはなれない。で、他に楽で実入りのいいバイトといったら、水商売しか思いつかなかった。

水商売でも裸になるのは面倒だから、ソープやイメクラはやめようと。それより綺麗なドレスを着させてくれる、お金持ちのいっぱい来るお店がいいと。自分の容姿にはお構いなく、やると決めたらドーンッと飛び込んでゆく、元気で現金で恥知らずな体質にも、当時はずいぶん助けられたっけ。

しかし、オジサマってのはやっぱり話題がジジむさい。

私はエバられるのが大っ嫌いだから、どうしたって関係は続かない。

しょうがないんで、食わせてくれる恋愛したがりの人のいい男たちに、狙いをさだめてノェロモンを放ったの。デートして、その締めくくりは、当然セックス。食って遊んで、おまけにセックスだなんて、女に生まれてこれほどラッキーだと感じたこたァ〜なかったわ。

しかし、何度かデートを重ねるうちに、男たちは私に、お金と体力と時間をかけた見返りを要求するようになったんだよね。それを彼らは、「恋愛」なんて呼んだりして。私は、お釈迦様の焚《た》き火の前に飛び出したウサギのふりをして、体を投げ出したんだけど……。気持ちよくってウハウハしてたのがバレたら、スタコラサッサと逃げるしかない。

手に職もなく、働くのも嫌で、皿回しのように大勢の男たちと付き合うのも疲れ果てた、そんな私が食ってゆくためには、もう結婚しか方法がない！　女友達にも次々と結婚されて、このまま独りぼっちでいるのにも堪えられなかったしね。そこで次に私がやったことは、一人の男に絞って、ベッタリ一緒にいるということだった。

そのためには、食わせてくれるだけじゃダメで、ずっと一緒にいられることが、相手を選ぶポイントだったんですね。つまり初めて、惚れた男を見つけなけりゃいけないことになったわけ。

まァ、天に祈れば男は降ってくると言いましょうか。質はともかく、欲しいと思えば、男がすぐに手に入る星の下に、どうやら私は生まれたみたい。だって、男に惚れたいと思った瞬間、もう私は恋愛のドつぼにはまっていたんだもん。

あの時は、避妊もせずにセックスして、他の誰かに盗《と》られないよう狂ったみたいに監視しあって、嫉妬して裏切って、お互い相手の気持ちを確かめることだけに血まなこになった。で、最後は、そんな関係がバカバカしくて、「結婚」って二文字を叩き壊す勢いで、怒りに任せて別れちゃったんだよな。

つまり、それまで経験に学ばない体質だった私が、ここでやっと「自分の思うとおりにしてやるぞ」という関係にウンザリしたんですね。そう、男の思うとおりにされるのが嫌なら、男を自分の思うとおりにしようと思うのもやめようと、私はついに学習したのさ♡

学習したら、躊躇《ちゅうちょ》せず実行にうつす。それまで絶対に手を付けなかった、騙《だま》そうと思えば簡単に騙せる、物静かで独占欲を剝《む》き出しにしない、私が他の男と遊んでいるのを知っても、悲しむだけで文句を言わなかった、唯一の男を私はベッドに押し倒したの。

あれから何年経ったのか……。同じ男と、今もずっと仲良く付き合っているんですけど。でも、出会った頃のように、セックスばかりしている関係じゃない。今じゃセックスしなくても気持ちいい、そんな関係なんでした。

体というと、どうしても女の裸、巷《ちまた》に氾濫しているヌード写真集やら街角の裸婦像を思い浮かべてしまう。テーマは、〝男の体について〟なのに、日頃見馴れていないせいか、それともあまり興味がないからか……。う〜ん、男の体にそそられた体験が一つも思い出せなくて、実は非常に焦っている。

電車に乗っても、目がいくのは女性の体ばかりだ。薄着の季節になって、最近ますます視線が彼女たちに釘付けになってしまう。

きれいな脚のOLや、個性的なファッションに肌を露出した女のコのグループ、それに夜になれば、タイトなミニスカートにキュッとお尻を包んだ水商売っぽいお姉さま方と、磁石に吸い寄せられるように、気がつくと私はスーッと彼女たちの近くに並んでいる。五十センチ以上は離れていないと、その膝やら胸やらお尻やらに手が伸びてしまいそうで、ホントに自分が怖いほどだ。

じゃあ男の体はどうかというと、そういった行きずりの相手に、触りたいという衝動に駆られたことは一度もない。学ラン姿の美少年に、過去二回ほどお目にかかったことはあるが、それでも手が伸びるというほどじゃなかった。唯一、夕方の退社時刻前の空《す》いた地下鉄で、背広姿の若い寡黙なサラリーマンばかりの車両に乗った時、男のエキス風呂に浸っているような、何とも言えない幸せな思いを味わったことはあるが。

たぶん男の体に対しては、個人の体より、集団でいる光景に欲情を覚えるんだろう。女同士のおしゃべりで、時々話題にのぼる制服姿の男の色気も、集団プラス制服のおかげで、男というセクシュアリティーが底上げされて、より女心を擽《くすぐ》るんじゃないだろうか。

それが証拠に、いつもは面食いな彼女たちが、背の高さや容姿といった体の造作を全く問題にしていない。目深に被った制帽と金ボタンのパリッとした制服が、中身の体型も思想も吹き飛ばしてカッコイイものに見せてしまうからだ。PKOは反対のくせに、防衛大や自衛官の制服にはキャーッとなっちゃう私の母親などは、制服に弱い女の典型だろう。

いや、血は争えない。娘である私は、肉体の美しさを制服のように着込む行為、ボディービルが恥ずかしながら結構好きなんだ。

東の横綱が女の痩《や》せたい願望だとしたら、西の横綱は男の筋肉マンになりたい願望だろう。男性雑誌をめくると、包茎手術の広告と並んで、通販のアスレティックマシーンの写真が載っている。そこにはイイ体の外人モデルが、トレーニングウェアの下から筋肉をムキッとさせて、「明日の俺」を演出している。

しかし過剰な筋肉美は、厚化粧のオカマを連想させて、やっぱりちょっと悲しい。だからスポーツクラブに通うたびに、罠《わな》にかかったタヌキのようにマシーンに挟まって、這《ほ》う這《ほ》うの体《てい》で私はジムのフロアを逃げ出すんだ。向かう場所はただ一つ、シャワーを浴びるのもそこそこに、水泳キャップを被りゴーグルをはめ、ザンブとプールに飛び込む。

オリンピックで見る水泳選手たちのイルカのような滑《なめ》らかな体型は、全く非のうちどころがない。男女共に逆三角形の体は、鍛え抜かれた割には筋肉が柔らかそうで、薄くついた脂肪も触り心地がよさそうだし、剃《そ》っているのか体毛も薄く、両性具有的な魅力を感じさせる。

水にねっとりと撫《な》でられるスイマーの頭も、しぶきをあげて水を切る腕も、バタフライに躍る腰も、飛び込む瞬間のお尻の形も、エロティックなほどに美しい。見ているだけで、彼らを抱く水になった気分でうっとりと恍惚に浸ってしまう。

水泳に限らず、スポーツする体なら男も女も関係なく見惚《みと》れてしまう。私の想像力が貧困なせいか、目で男の服を脱がすためには、どうも動き続けていてもらわないとダメらしいんだ。

もちろんダンスでもいい。日本で行われたサルサのカーニバルで、日系のブラジル人のカップルが股間をすり寄せ合って踊っているのを見た時は、思いもよらず興奮した。

女のコは、スリムな体にスパッツのようなピッタリ張りついたパンツを穿《は》いていた。肩が覗《のぞ》けるフリルのついたブラウスの胸もとからは、揺れる乳房が手にとるようにわかり、とってもセクシー。だが、男ときたら、むさ苦しいほどのデブときている。顔もお世辞にもハンサムとは言えない。背だって女のコより低い。なのに痺れちゃうほど、すっごく色っぽい。男のシャツの下で波打つ贅肉も、サルサのリズムにのって、踊る二人をますます過激に演出する。体を道具にして、気持ちよく踊っている姿は性行為そのものだった。

そういえば、トドみたいなデブは嫌いなはずが、すっかり参っちゃったことがあったっけ。セックスにのめり込む情熱さえあれば、そして体を道具にしあって楽しむことに躊躇がなければ、デップリ腹の出た体型も、ペニスのサイズに関係なく結構気持ちいいものなんだ。そう、お腹《なか》にしがみついての騎乗位や、お腹の摩擦を受けながらの正常位を思い出せば、すぐに納得できる。つまり、美しい体ばかりがエロティックなわけじゃないってことだ。

それから、体に触れて初めて、感触に魅せられてしまうことがある。体毛の濃い男には、ビジュアルでは全然そそられないのに、触覚では取り乱しちゃうほど興奮してしまうっていうのがそれだ。例えばセックスの最中、お尻に回した指の先に、ネコを撫でた時のような感触があったりすると、未知の世界に踏み込んだような驚きと感動を覚える。

触りたくないけど見てみたいモノなら色々ある。だが、見たくないけど触りたいモノなんて滅多にない。だから、そんな体の男に出会うと、ついつい執着心を刺激されてしまう。

そんなわけで男の体についていえば、お地蔵さんのようにジッとしているのを見せられても、大して興味をそそられない。やっぱりさ、体を重ねて動かしてもらうに限るよね。

女が好きだと気づいたのは、一体いつ頃なのか、どうもはっきり思い出せない。幼稚園の頃から、ベッタリ一緒にいるのは女のコたちばかりで、小学二年生の時に年上の女のコと、お医者さんごっこみたいなことに熱中した……それが、女のコとの初めての体験だってのは覚えているんだけどね。

あの切なく気持ちイイ体験のせいか、高校を卒業するまでずっと、何も意識せずに女同士で体を触ったり胸を見せっこしたりしていたっけ。街を歩いていてもテレビを見ていても、いつも気になるのは女のコばかりで、そういう私を気持ち悪がる連中もいたみたいだけど。

中学生になると、周囲の女のコが男のコたちにキャーキャー言い始めて、私はひとり置き去りにされた気分だった。一体何に浮かれているのか、まるで理解できなかったから。

当然、バレンタインデーに男のコにチョコをプレゼントしようと思ったこともないし、男のコの誕生日にマフラーを編んだこともない。

「何で男のコにプレゼントしなきゃなんないの？　私の好きなコは女のコなのにィ！」

これがあの頃の、私の正直な気持ちだったの。

……とはいえ、男のコたちとはその間も、ずっと楽しくエッチしまくってたんですけどね。つまり、性欲はスポーツで汗を流すように男の体で晴らし、おとめチックな恋心は、友情でラッピングして女のコ相手にどうにか満たそうとしていたわけね。

確かに高校生ぐらいまでは、それでよかったんだよね。好きといっても、たまに彼女たちの家に泊まりに行って、同じベッドで眠ったり、お酒を飲んだ勢いでキスしてみたり、ほとんど友情のレベルですんじゃうものだったから。

それが大学に通いだして、ある女性に一目惚れしてから、どうにもコントロールつかなくなったのよ。男たちとは相変わらずセックスしまくってたけど、とにかく彼女に好かれたくて、今までみたいにふざけて抱きついたりキスしたりできなくなっちゃったんだ。

同じダイビング部に彼女を誘って、手をつないで夜の海にもぐったり、二人きりで色んなところへ旅行に行ったり、それまで一度も味わったことのない幸せな時間を、共有することはできたんだけど。

しかし関係がプラトニックな分、オナニーする気もおきないぐらい気持ちは真剣で深刻だった。

だから彼女に男ができたと知った時は、ホントに気が狂うかと思ったよ。男を殴りつけてやりたいという強烈な怒りと、彼女に嫌われたくないという怯えと、女同士の友情なら死ぬまで続けられるけど、ここで愛を告白しちゃったら、もう二度と会ってもらえないかもしれないという恐怖に、彼女と口をきくこともできなくなってたの。

女が好きだっていう体質は、この頃にはもちろん自覚してた。

ただ彼女に出会うまでは、「みんなよりは、ちょっと女に興味があるだけ」ぐらいにタカをくってたんだ。つまり「いずれは、みんなと同じに男性を好きになる」って信じて疑いもしなかったのね。

でもそんな甘いモンじゃなかったみたい。男が嫌いってわけじゃないし、女なら誰でも好きってわけでもないけど。

彼女にゾッコンだったのが挫折して、あれから十数年経つのに、本気になれた相手は二人。二人とも女。そのうえヘテロ。つまり男を愛する女に、性懲りもなく私は恋を繰り返してるってわけ。

男の唇もペニスも、何を考えているんだかわからない横顔も、見え透いた嘘をつく時の視線も、どれもすっごく気に入ってるんだけどな。でも私が本気になる相手は、どうも女に限られているらしい。

それで、二度とあんな行き場のない想いはしたくないから、惚れたと思った時に、ちゃんと正面きって二人にそれぞれ告白したんだ。

「いつでもパンティー脱いで待っております。私の友情は丸裸でございます」ってね。

おかげで色々あった今も、「ババアになって、金さん銀さん銅さんと呼ばれるまで付き合おうな」と言ってもらってる。

まッ、既に精力は衰えてるからね。せいぜい銭湯の三助さんみたいに、背中を流すくらいのことしかできませんけど。枯れたおかげで、無闇に一途《いちず》にならずにすんでいるといったところかな。

それに、不思議なことに私には今、時々思い出したようにセックスする、女友達みたいな優しい関係の男もいるんだ。

良いも悪いも、これまでしたい時に、したい相手と、したいだけセックスして、それをこんなふうに言葉で遊んで、しかも絶交されずにすんでるなんてさ。何だかボーッと幸せな気分に浸っちゃうよ。

〝良いセックス 悪いセックス〟は、これでおしまいだけど、またいつかどこかで会える日まで、アナタも好きな人とお幸せにネ♡

お互い自宅どーしだと
困るのが
セックスする場所だ!!
家帰りゃ専業主婦の
母ちゃん必ずいるし
ホテル行く金なんて
ぜんぜん無いし……
そうだ!!
公園のトイレなら
無料!!
しかも立ったままうしろから
ポルノな気分
ヤッちゃん!! オレの事愛してるなら、どこで合体したっておんなじだよな!!
ハァハァ
うっせーよ冗談じゃねーよホテルつれてけよバカヤロー
処女

# 第二章　愛のねだん

# 一発10万円相当のセックス

私は疲れていた……といっても、だから通りすがりの車にフラリッと乗るのが当たり前とは言わないが。十八歳の私は、輸入商品を扱うスーパーのバイトの帰り、擦《す》り寄ってきた外車に、何となく乗ってしまったんでした。

で、外車は当然のようにモーテルへ滑り込んだのね。疲れていたから、ちょっと横になりたいとは思っていたんだけどさ。ポッチャリ太った男は、服を脱がずにベッドに横になる私の足もとに屈《かが》み込み、眠りかけた私に、「ねッ、ねッ、ちょっとだけ、いいだろう」と手を揉《も》み合わせて懇願した。

無視していたらソロソロと手が伸びて、靴下を脱がされパンティーを引き下ろされて、男は慌ててズボンのジッパーを下ろすと、ペニスを取り出したらしい（私の目には見えないサイズだったの）。それで私の太股《ふともも》に擦《こす》りつけたとたんに射精しちゃったんだ。今までの早漏ベスト3に入る体験だったね、あれは。

それからシャワーを浴びてモーテルを出て、新宿まで送ってもらって車から降りる間際、男は財布から万札数枚を抜き私に渡したんだ。

もう「えッ」だったよ。だって、当時バイト代が時給七百円ぐらいだったんだからさ。一日汗水流して働いても六千円に満たないのに、素股で三擦り半が数万円だなんてさ。あれがたぶん生まれて初めての売春になるんだと思う。そのお金をどう使ったかは忘れたが、何となく人を騙したような罪悪感はあった。でもそれもほんの一瞬のことで、貧乏してたので天から降ってきたお金って感じで、ありがたく生活費に使わせてもらいました。


それはスナックのバイトをしている最中に起きたことだった。体格のいい、いかにもお金を持っていそうな、でもちょっとコワイ感じの客が、ある晩、店にやって来た。

小さな店だったから、客はほとんどが常連かその友達、或《あ》るいはマスターやママの知り合いだったのね。だから一見《いちげん》のその男性客が珍しくて、ママは大喜び。ところが客はママを押し退《の》け、私を呼ぶと横に座らせたんだ。そして、いきなりテーブルの下から私の手を握って、お札を十枚ほど握らせたの。

ギョエ〜ッと驚く私に、客はニヤニヤ笑いながら背広を開いて内ポケットから財布を取り出し覗かせる。そこにはピンピンの一万円札が、ぎっしり突っ込まれていたんだ！

「伊勢丹の角で待ってる。あと三十分したら出てこい。いいな」

突然のことに慌てふためいた私は、バタバタ席を立って、チーママ姉さんに替わってもらった。商談成立したのか、客がいなくなってしばらくして姉さんは、店を早引けして出て行ったのね。翌日、姉さんからは大喜びされた。私はかなり割のいい売春を斡旋《あっせん》したらしかった。

ところがまた同じ時刻に、ゆうべの客が店に現れたんだ。そして私を横に座らせると、

「俺は素人が趣味なんだ。あいつから聞いただろう」と、姉さんの方にチラッと目をやり、

「損はさせない。楽しませてやる。どうだ」と私の肩を抱いたのよ！

もォ～ッ、怖かった。おケツの軽いこの私が、行きずりのセックスが朝飯前のこの私が、なぜかこの客にだけ猛烈な拒絶反応をしめしたんだ。

それはきっと、あまりの札束の厚さに私の想像力が掻き乱されて、生きては帰れない色々なことをされるに違いないと、思い込んでしまったせいだと思う。売春行為に抵抗があったというより、労働に見合う賃金という点で、日頃タダでやってるセックスを基準に、10万円相当の一発のセックスなんか、二十二歳の私には到底考えられないことだったんだ。フエ～ッ……けっこう可愛いところあったんですよ、昔は。

## 金を惜しまない付き合い

気は優しくて力持ち……という若い男や、色男金と力はなかりけり……といったタイプとは、正直言って、私はまるで縁がなかった。

特に十代の終わりから二十代前半までのオッパイもお尻もプリンプリンの頃は、クルーザーを持ってるとか、鹿撃ちに連れて行ってくれるとか、アメックスのゴールドカードみたいなオジサマが入れ替わり立ち替わり現れて、デートはいつでも体ひとつあればよかった。

つまりデートで着る服も食事代もホテル代も、すべて男が持つのが当たり前だったってわけ。そして、私自身は極貧の生活を送っていた。働くのが嫌だったし、男たちから現金をもらうのも、何だかお仕事みたいで面倒だったからね。

お小遣いをもらう今で言う援助交際、いわゆる愛人関係ってのは、パパと次に会う約束しなきゃいけないとか、用意してもらった部屋に住まなきゃなんないとか、その部屋に週に何回かパパを招き入れないとダメとか、とにかくふざけんなッというほど拘束されるし、気を遣わされる。気まぐれな私は、そんなダサイ関係より、明日《あす》をもしれないその場限りのパーッと遊ぶ関係の方がよかったの。

で、そういう付き合いの他に、行きずりのセックスをしたり、中学生と乱交パーティーやったり、色々忙しかったから、特定の恋人なんてつくる暇はなかったんだ。

しかし、二十代も半ばにさしかかると、女友達は結婚したり出産したり、私と遊んでくれなくなる。それで仕方なく、私もちゃんと恋愛しようと決心したんだ……けれど。

それまでのデートがあまりにゴージャスで、それが当たり前だと思っていたから、デート代を割り勘にしようなんて男に出会うと、頭にきちゃうわけ。「なにィ、男のくせに金がないだとォ」ってね。

セックスやる分、金を払えというわけじゃなくて、セックスしなくても金を出せという主義だったんだな。セックスは大好きだから、やって当たり前。やらずに帰るなら、その分も楽しませろッてね。

私はその頃、無職も同然の相変わらずの極貧生活だったから、男は財布としか考えられなかった。収入の少ない男は、私にとって男じゃない。私の愛情は、ズバリその男の金離れのよさで決まった。その代わり男の顔もスタイルも年齢も、私は問わない。そしてまいったことに、今もそれは変わらないのよねェ〜。男できないよねェ〜、これじゃ。

　さて、そんなふうに私は、男に札ビラをきってもらわないと動かない、動けない女ではあるが、大好きな女には金を使うのを惜しまない女でもある。

　といっても、それはここ数年の話で、無職同然の暮らしから、ちょっと抜け出せた反動かもしれない。私の生活自体は、極貧のあの頃と大差はない。近所の畑から腐りかけのキャベツを盗むということはなくなったが、ひとりで寿司屋に入るなんて贅沢なことは相変わらずできない。

　しかしパチンコ屋では、せっかくの原稿料がスッテンテンになるぐらい遊んだりしている。晩ご飯のために財布に残った十円玉をかき集めて、やっとの思いでチキンラーメンにありつくのは、だから十年前と変わりない。

　そしてなぜだか、ひとりだとパチンコ以外贅沢は敵だが、女友達と一緒だと、贅沢はホントに素敵に思えるのだ。女友達を見ているだけで心が弾む。彼女たちに会う前にキャッシュカードで現金を引き出す時など、嬉しさに足がもつれて転びそうになるほどだ。

　別にセックスしようという魂胆があるわけじゃない。時々手料理など食べさせてもらえたら、天にも昇るありがたさだ。とにかく目の前にいてくれて、楽しそうにしてくれたら、それだけで「よっしゃ、明日も一生懸命働くでいっ!!」という気力が湧《わ》いてくる。

不思議だが、男が相手じゃこうはいかない。たぶんそれは、私の目には彼女たちが、男より百パーセント生身で生きてるように映るからともいえるし、とにかく色っぽいからともいえるし……う～ん、私がバイセクシャルだからなんだろうな、きっと。

まァだけど、もし私が男に生まれてきていたら、早漏だったかもしれないし、たぶん彼女たちにさんざん金と精液を絞り取られて、ポイッと捨てられていたであろう。女に生まれてきてよかったです、ホントです。

# 金と共に去りぬ

前回お話ししたとおり、私は金離れのいい男としか付き合わない女であった。

レストランでご飯を食べたあとには「ご馳走さまァ」と即座に言い放ち、割り勘にしようと言われたら「お金ないも〜ん」と、手をヒラヒラさせてみせる。そういうことをカッコ悪いとか恥さらしとか、まるで思わなかった。むしろ、「あたしは、そういう女だよォ〜ん」と胸を張っていたんだな。

だから、私をずうずうしいと思う男はとっとと姿を消し、私そのものを娯楽として楽しむ男たちだけが残った。

彼らは私に投資してるせいか、ベッドの上では思う存分チンポを奮い立たせる。しかも〝男女は対等であるべき〟とか、〝愛があったらそんなことできないはず〟といった安っぽい理性に縛られない、快楽のためのセックスをしてくれた。それにセックスの相性が抜群にいいということで、会っている時はお互いを、それなりに大事に扱った。

しかし私は当時、結婚をまるで考えていなかったから、セックスのテンションが下がる、あるいは男の懐《ふところ》具合が怪しくなると、当然別れることになると思っていたのね。

で、ある日、そんな気配が濃厚な相手と、デートすることになったんだ。具体的な話を切り出すまでもなく、自然消滅ってことで、これが最後のデートだなと思っていたら、会うなり男の機嫌が悪い。黙ったままたばこをモクモク吸い続ける。そのうち二人のコーヒーカップも空《から》になって、喫茶店を出ることに。その前に彼はトイレに立った。

仲良くしてた男の、あまりに不機嫌な様子に仰天した私は、彼がいない間に喫茶店の勘定を払った。彼とのデートで、初めて身銭をきったわけ。だが戻って来た彼は、それを知って爆発したのよ。「バカヤロー! ふざけるなア!」と。

真面目に彼の分も合わせてコーヒー代を払ったのに、何で怒られなきゃならないの? その時は全然わからなかったが、どうやら私は彼のプライドを傷つけたようだった。彼にしてみれば、別れは彼が決めることで、まだその時期じゃなかったらしい。しかも女の私が仕切るように勘定を払うなんて、絶対に許されることじゃなかったんだ。

金離れのいい男との付き合い方を、私はここで一つ学んだのであった。

そうはいっても、同棲する気も結婚願望もない私にとって、男の部屋で料理を作ったり、洗濯や掃除をするだけの、十分なセックスや楽しい外食のなくなった関係ほど、無意味なものはないんスよね、やっぱり。

もちろん私の部屋で、男がお客様のようにゴロゴロ過ごすなんざ、もってのほか。だからどんなに優しくされても、車で送ってもらっても、絶対に私の部屋には入れない。もし入って来ちゃったら、セックスだけして帰ってもらう。通われそうだと思ったら、一カ月ぐらい他の男たちの部屋を転々として逃げる。

そんなふうに殺伐とした、刹那的で情緒とは無縁な、物欲と性欲にまみれた関係しか知らない私ではあるが、過去に惚れに惚れ抜いた男もいた。

彼は、いつも車で、美味しい店や、雰囲気のいいバーに私を連れて行ってくれた。セックスをする場所も、おしゃれなシティーホテル。

優雅なデートを繰り返していた私は、まさか彼が会社の金を使い込み、親や婚約者に借金し、私と遊んでいるとは思ってもいなかったんだ。どうやって調べたのか、私のところに彼の婚約者から怒りの電話が入って、すべてが明らかになったってわけ。さすがの私も血の気が引いた。だが婚約者からの電話があったことを話しても、彼の金遣いの荒さは治らないし、私は相変わらず貧乏だし……。

バカな関係は終わりにしよう。そう結論に達した私は、ある日、てっちりをつつきながら別れを切り出したんだ。

男は今にも泣きだしそうな顔で、「おまえ、よく食えるな」と私を睨《にら》んだっけ。美味しいものを咀嚼《そしやく》している時は、不幸な気持ちも多少は和らぐ。「金と共に去る気か！」と罵《ののし》られたけど、私にできるのは別れることぐらい。

まッ、あの時既に「ケツの毛まで抜くか！」ってほど、彼から色々毟《むし》り取ったあとだったしね。別れのチャンスは逃しちゃいけません。

## 結婚すればすべて楽になるか

何度も言うが、私は羽振りのいい男と遊ぶことしか考えていない女であった。親から都心にマンションビルを譲り受け、国内どこへ行くのも自家用ジェット、というボンボンとも、だからセックスばかりバコバコやりまくって遊んでいた。ディズニーランドでデートするより、南の島でリゾートするより、おしゃれな店に飲みに行くより、とにかくセックス。会うなりセックス。セックスしては眠り、目が覚めてはセックスし、ドロドロに疲れて性欲が満たされたら愛も語らずにすぐ別れる。そんなデートを繰り返していた。彼とは驚くほどセックスの相性がよかったのね。

しかし、当時の私には、彼以外にも何人か付き合っている男がいた。彼ほどセックスの相性はよくなかった分、他の男たちとは映画を見たり旅行に行ったり、セックス以外のことも楽しんでいたんだけど。

それが気に入らなかったのか、ある日、彼は私にプロポーズしたんだよね。「ヘッ?」という感じだった。セックスの相性は最高にいいし、裸でゴロゴロしている時間はトロケるほど幸せだったが、〝結婚〟ってのは、セックスだけして裸でゴロゴロしていられるもんじゃない。毎日顔を合わせなきゃいけないし、他の男と遊びたくても、今までみたいにホイホイ出てゆくというわけにはいかなくなる。

で、断った。そしたら別れようということになって……。だけどすぐに電話で呼び出される。呼び出されれば私も、他の男と遊ぶのと同様にホイホイ出てゆく。そんなことを何回か繰り返して、ついに何度目かのプロポーズを受けることになっちゃったんだ……が。

OKしたとたん、彼に対する性欲がシュルシュルポンと消滅してしまったのよ、まるで魔法が解けたみたいに。彼とセックスしたいという気持ちも、会いたいという気持ちも、どんどん薄くなっちゃって、それから一カ月、電話でもろくに話さなくなってしまったんだ。

そして二カ月が過ぎた頃、「どうしても話さなきゃいけないことがある」と私は呼び出された。道を歩きながら彼は肩をすぼめて、申し訳なさそうに小さな声で言ったのよ、「どうやら妊娠したらしい」と。

確かに彼のお腹はポッコリ飛び出している。立派なビール腹だと思っていたが、そうか妊娠してたのか！……なんてこたァ～あるわけない。そう、彼は私以外の女のコとも付き合っていて、その彼女が妊娠したのであった。

ガチョーンッとのけ反ったのは言うまでもない。でもね、そのコのことは前々から知っていたのよね。思わず笑いが込み上げちゃったよ。神様は何でもお見通しだ。私が彼と結婚しても、幸せにゃならんとバレていたのだ。世の中まるくおさめるために、だからこんなお戯《たわむ》れを。

そんな私の思いに気づかず、彼は俯《うつむ》いたまま言葉を続ける。「女のコを妊娠させたのは初めてで、産んでもらいたい。それで彼女と結婚することにした」。ウンウンと頷《うなず》いて聞いていると、「ついては、君とは今までどおり関係を続けていきたい。愛人関係の方が、君もいいでしょ」だと。

結婚相手が妊娠してるちゅーに、何という不届きなことを!! 「もう遊んでやんない」そう言い放って私はやっと彼と別れることができたんでした。その後、ゴールデン街で彼の知り合いにバッタリ会った時に、「あんまり焦らすから罰《ばち》が当たったんだよ」などと言われた。どうも世間は、こういう一件についてそう解釈するらしい。

まッ、罰でも何でもいいけどさ、できれば一生、結婚しないでフラフラ生きてゆく方が、私にはピッタリなのよ。好きな人とは、好きという気持ちだけに賭けて付き合っていられればいいんだもん。結婚さえすりゃ人生楽になると思うような、私はオメデタイ女じゃないんスよ。

## 金をねだる男

付き合った相手から、いただけるものはすべていただく。そんな体質の私にとって、恋人にお金を貸したり貢いだりする女友達の気持ちって、ゼ〜ンゼンわかんない。

「好きな人とは、必ず割り勘。気がねするの嫌だし。私が奢《おご》ってあげることはあるけど」

そう言う働き者のAちゃんは、夢はあるけど貯金はない同い年の恋人と結婚して、それまでOLして貯《た》めたお金をボーンと貸した。それから四年が経ったが、

「まだ返してくれないのよ。それどころか親やノンバンクからも借りていて、それも私が代わりに返したのよね。生活費もろくに出してくれないし、毎日ケンカしてるわよ」

そう言ってるが離婚の気配はない。独身の頃には考えられなかったほど、今は節約の日々を送っているみたいだが、それほど不幸という感じでもない。

Aちゃんだけじゃない。他にも同じようなカップルを私は何組も知っている。彼の方が料

理が上手いとか、運転手代わりにどこにでも迎えに来てくれるとか、洗濯や掃除をすすんでやってくれるとか、色々ポイント高いところもあるようだけど、それでも私は稼ぎのない男はイヤだ。もう絶対にイヤイヤイヤァ〜。

と思ったのだが、実はこんな私もたった一度だけ、付き合った男に小金を貸したことがあったんだな。貧乏だった私になぜ貸すお金があったのか、そっちの方が不思議だけどね。そしてあの時、男と一緒に銀行に行って、結構ウキウキ現金を下ろしたのを覚えている。そして札束を彼に渡すと、彼は向かいにあった毛皮のエンバに私を連れて行ったのだった。

そう、彼はカードで毛皮のコートを買ってくれたんでした。風呂なし四畳半の私の部屋の壁に、すっごく不釣り合いにピッカピカのシルバーフォックスが吊《つる》されていたと、あとで女友達が話してたっけ。

しかし毛皮に騙されることなく、翌月から私は、厳しく借金の取り立てを開始したんであった。セックスの回数分しつこくせっついて、半年で全額きちんと返させたんだ。その後はいつもどおり、私がチューチューと彼の精と根と金を吸いつくしたんですが。

それにしても、なぜ私はこんなに男の稼ぎにこだわるのか。一言で言えば、私自身が貧乏だから。私と同類の〝人の情けに頼らなきゃ生きていけない〟そんなヤツとは無縁なの。

しかしそれ以上に、こんなに男に有利にできている社会で稼げないなんて、女に生まれた私には許せないんだ。いや、百歩譲って稼げないのは人がイイせいだったり、物欲にまみれてない証拠だとしよう。だったらなおさら私はイヤだね。

だいたいそういう男たちは、年老いた自分の両親か、惚れてくれる女にしか、お金の無心ができないのよ。それで人がイイなんてさ、ふざけるなっての。そんな面下《つら》げてよく生きてられるよ、「ケッ」と思っちゃう。

そんなふうに、借金する男にすっごく厳しい、貧乏な私のところに、何を血迷ったか、一人のバカが電話をかけてきたのであった。

「あのォ、十万円貸してくれませんか」と。

その時はたまたま本を出した直後で、私にしてはまとまった現金が手もとにあったのね。そういう嗅覚の鋭さでは、このバカ男を褒めてあげてもいい。が、私は受話器を持ったまま、ケケケッと笑っちゃったんだ。

だってセックスもしてない、一緒に仕事をしたわけでもない、ドキッとするようなセリフも聞いたことなけりゃ、ドキッとするような金離れのよさも見たことない。安い酒場を他人のボトル目当てに連れ回される、最低のデートを二、三回付き合ってやったことはあったが、何で十万円もそんな男に貸さなきゃなんないのよ！　これって笑うしかないじゃん。

そのバカ男には、私の中で既に貧乏神とレッテルが張られていた。で、言ってやりました。

「私に借りるより、オジサマ（私とプラトニックな愛をはぐくんでいた大金持ち）に話してみてはいかがでしょう」と。

あとで知ったのだが、バカ男はオジサマに、私の本を出版させるという約束で、既に何十万円かを出させていたらしいのだ。もちろん、本の出版の件は大嘘だったんだけどさ。オジサマは私に無心した話を聞いて激怒!! 以来そのバカ男の顔は見ていない。セコイ金額しか無心できないのが、この男の稼ぎのなさを反映してたな。

ということで、男に現金渡したら、全額取り返そう。男を貧乏神に育てないためにもね。

## 週休4日の主婦稼業

小学校の卒業アルバムの『大きくなったら何になりたいですか?』という項目に、私は〃お手伝いさん〃と迷わず書いた。担任教師は何を思ったか親に言いつけ、母親は「恥ずかしいったらありゃしない!!」と私をこっぴどく叱った。

キャリアウーマンをやってた母親にしてみたら〃宇宙飛行士〃や〃総理大臣〃なら嬉しい恥ずかしさだったのだろうが、〃お手伝いさん〃じゃ育てた甲斐なしだったに違いない。

それに当時の十二歳の女の子の夢は、まだ〃お嫁さん〃が主流だった。ドレスを着て美しく着飾り、白馬の王子様が迎えに来るのをじっと待つ、それがお嫁さんだ。そんなことバカくさくて書けるかと思っても、そう書くのが子どもらしいサービスってもんだった。

だが共働きの家の長女に生まれて、それこそお手伝いさん同様に、朝っぱらから掃除洗濯食事の用意と、家事に追われて育った私には、ただ飯食いの負い目に泣きながらこき使われるお嫁さんになるよりは、賃金がもらえるお手伝いさんになることの方が、百倍説得力のある魅力的な夢に思えた。

さて、そんな奴隷のような苛酷な幼少時代を過ごしたおかげで、気がつくと私は、パブロフの犬なみに素早い条件反射で、その日その日の家事をこなせるようになっていた。

スナックやキャバクラのバイトでさらに磨きがかかり、酒の肴をチョチョイと作り、男がタバコを取り出せば私の手にはライターが、手酌が好きなら邪魔をせず、そうでなければ男の酔い加減に合わせた濃さの水割りを、無意識に作る体になっていたのだった。

でもってオッパイは大きくなるし、セックスは大好きだし、騎乗位だって得意だし。いつもニコニコ素直に言うことをきく、そんな女の周りに男がいっぱい群がるのは当たり前。

そして二十歳《はたち》そこそこのセックスしたい盛りの私の前に、何を勘違いしたのか結婚とセックスをワンパックにして口説く男たちが、次々と現れ始めたのだァ。「だって、愛してるって、そういう（一生面倒みるって）ことだろう」だなんてさ、勘弁してくれってのよ!!

結婚を持ち出して迫る男は、人生に疲れている。ホッとしたい、甘えたい、優しくされたい、安らぎたいと思ってる。

風呂上がりには、洗いたての下着とパジャマがバスタオルと一緒に出され、よく冷えたビールに気の利いた肴がお膳に並び、テレビのよく見える場所にドッカリ座れば、「お疲れさま」なんちゃって女房が感謝に満ちた眼差《まなざ》しで仰ぎ見てくれる……なんてことを期待してる男ほど面倒なものはない。どっちが一生面倒をみる羽目になるか自覚のないバカほど手に負えないものはない。勘弁してくれ。

そのうえ疲れている男にセックスは期待できない。明日も明後日《あさって》もしあさっても、やのあさっても、ずーっと顔を合わす相手に、興奮し続けようたって限界がある。それに私は、特定の相手に食べさせてもらう依存の関係には、子どもの頃の隷属的な親子関係でこりごりしてるんだ。食わせてるってだけで大きな顔をするなッ。こんな男に都合のいい社会で、女一人食わせられない方がおかしいんだ。

あーッ、少しスッとした。

そんなわけで、私は絶対に結婚しません……と断言できるかというと、そうでもない。今の気楽なひとり暮らしがホトホト嫌になって、オッサンみたいな自分に愛想がつけば、私は大猫《おおねこ》をかぶって、不気味なほど体をクニャクニャさせて結婚生活に身を浸すであろう。

ただし、週三日だけだ。あとの四日は休みをもらって大猫の着ぐるみを脱ぎ捨てて好き勝手にフラフラ過ごす。他の男たちともバンバンセックスする。だが約束の三日は、腕によりをかけて料理を作り、心を込めて全身をマッサージしてさしあげ、望まれれば優しく乳房に搔き抱いて眠らせてあげる妻をやる。

う〜ん、しかし無料ってのは嫌だな。日雇いで主婦ってのがあったらいいのに。でもそれって、小学生の頃夢見たお手伝いさんと大して変わらないか。

## デキル女と勘違い男

〝昼は天使、夜は娼婦〟。それって私が男に生まれていたら、一発でクラッときちゃう女性のタイプ。しかも料理が上手で掃除洗濯が大好きで、どんな仕事でもいいからガンガン稼いでくれるとなったら……私は間違いなくキャインキャインとチンポを振って、彼女にガッチリしがみついて離れないであろう。

つまり、そういう何でもデキル女が私にとって、完全無欠の理想の女性像なのね。で、当然、世の中の男性も、みんなそういう女性が好きだと思っているわけ、私ってば。

だから、初めてメロメロに惚れる恋をした時、私は彼のために、そんな「デキル女になる！」決心をしたんでした♡

それまで必ずレストランで食事をし、絶対に連れ込みホテルなんかには入らず、きれいなシティーホテルに泊まって、翌朝は車で家の近くまで送ってもらう関係だったのが、料理の腕前を見せるために、まずはスーパーでデート。肉を買い、魚介類を買い、野菜を買い、果物を買って、彼の部屋でてきぱき料理をし、それを肴にお酒で気分がよくなったところでセックス。ご飯を食べて再びセックス。お風呂で背中を流し合ってまたまたセックス。

翌日は、彼より早く目を覚まし、着てゆく服にきっちりアイロンをかけ、コーヒーを沸かして、ベッドにもぐり込んでフェラチオで起こしてあげて、彼がシャワーを浴びている間に、ベッドメーキングをし、テーブルの上には朝食を。

で、「いってらっしゃーい♡」と見送ってから、窓の桟もトイレも照明の笠もピッカピカに磨いて部屋中を掃除する。洗濯も、洗いたてのシーツのアイロンも午前中にすませて、ホテルみたいに完璧に片付けてから、午後やっと自分の部屋に帰って仕事にとりかかる。

デートのない日も、昼間は彼の部屋に通って洗濯と掃除は欠かさなかった。やがて気づくとスーパーでのデートもなくなり、買い物の代金は私の財布からとんでゆき、おまけに仕事は片付かず、自分の部屋には埃がたまり、友人からの誘いの電話もパッタリやんで……。

だがその頃になると、彼は自分の部屋がピカピカなのが当たり前だと思うようになっている。こっちに背中を向けてテレビの前にどっかり座り、「飯、まだァ?」なんて言うようになる。そのうえセックスもせずに、「体、マッサージしてよォ〜」なんて言い始める。

自分が完璧なデキル女になってる、それだけを心の支えに、一生懸命サービスすればするほど、なぜか彼はドテ、バタ、グースカと食って転がって眠るオッサンになってゆく。

ある日、「こんなはずじゃなかった」と、片付かない仕事を抱えて私は泣きじゃくった。すると彼は、「綾子はスーパーウーマンなんだから、それぐらい何でもないはずだぞ」と、ゴロッと横になったまま、プロ野球ニュースを見ながら偉そうに説教をたれたんだ!!

その弛《たる》んだオッサンの後ろ姿を見て、イカス男とデキル女という理想が、ガラガフガッシャーンと音をたてて崩れるのを私は感じた。

「やってられっかよッ、ペッ」

心の中で思いっきり唾を吐いたのは言うまでもない。その瞬間私は、〝デキル女廃業宣言〟をしたのだ。もちろん料理も掃除も洗濯もしない。不満顔の彼は、「愛してるなら、今までどおりやれるはずだ。愛してないのか？　俺を愛してないんだなッ、えッ、おいッ、どうなんだ！」と脅迫したっけ。だが私は見向きもせずに、他の男と楽しくデートするようになり、彼に呼び出されても友人との約束を尊重する、以前の生活に戻ったのだった。

男を気分よくさせることが愛の証《あかし》だなんて、一体誰が決めたんだよ？　男だけ「メシ、フロ、ネル」って子どもみたいに甘えてさ、女は母性的なのが当たり前だなんて、どうしてそんな理屈が成り立つの？　そのうえ仕事のできる女じゃなけりゃ面白くないとかさ、どの面さげてそういうことが言えるんだよ？　おまけに勃起できないくせにフェラチオだけは好きってさ、それが男って言うなら、いらないよ、そんなもん。というわけで、命尽きるまでデキル女を演じたいと思うほど、未だかつて男に惚れたことはありません。付き合う相手がオッサンに変貌するのと比例して、見事なオバサンに変化《へんげ》するのが、私の恋のパターンでございます。

# 略奪愛について

人のモノは盗っちゃいけない。確かにね。だから私は、借りることにしてるの。試験の前にはノートを借り、体操着を忘れちゃブルマーを借り、財布を落としたら小銭を借りて……。もちろんノートもブルマーもちゃんと返した。ただ借りた小銭だけは、他のもっと貧乏な誰かさんに渡したような気もするけど。

そんなアバウト体質なので、大好きになった相手に、恋人がいるとか奥さんがいるとかわかっても、略奪してやろうなどとは決して思わない。だから不倫相手の十年連れ添った古女房から、怒りのお電話をいただいた時も、「ちょっとお借りしているだけですから。もう少ししたら必ずお返ししますので」と、私は正直に答えた。

そのことをあとで知った男は、怒髪天を衝《つ》く勢いで怒ったけどね。「俺は、借り物か!!」ってさ。まァはっきり言って、女二人に自分を取り合いさせて悦に入ってる男の、安っぽいナルシシズムの相手なんかしたくないもん。約束どおり、すぐに先方にお返しいたしました。

しかし世の中には、人のモノだからそそられる、略奪せずにはおれない愛の狩人もいるのよね。F子もそのタイプ。東大を出て、一流企業に一般職の採用で就職して、仕事も同期の男のコ以上にこなして、しかも菊池桃子そっくりの清純な可愛いフェイスに、オッパイプリプリのナイスバディ。お茶くみやコピーとりまで、文句ひとつ言わずに気がつけば何でもやるから、男子社員は結婚したくて結婚したくて、彼女の周りにいつも群がっている。

でね、彼女は誘われると断らないんだ。食事も映画も喜んで付き合う。男の部屋にだってついていって、時には手料理まで披露してみせる。そうやってとことん優しい女を演じきる。ただし最後の一線、パンティーを脱ぐってことだけしない。男はみんな惚れた弱みがあるから、嫌がる彼女をレイプなんかしないしね。ガチガチに痛いほど勃起したペニスをぶらさげたまま、男たちは放置されるの。

そして、ついに諦めて誰かが結婚すると、彼女はその男の首根っこを押さえて、パンティーの中に突っ込む……ぐらいの勢いで、アプローチしだすのよ。きっとF子に言わせれば、〝略奪〟するんじゃなくて〝取り返す〟だけなんだろうが。しかし男は、F子と一緒になれると勘違いして離婚しちゃう。で、そこまで行けばF子は満足して、またいつもの堅い股間に戻ってパンティーを脱がなくなるってわけ。ひェ〜ッ、怖いよォ。

しかし、人のことは言えない。私に盗る気がなくても、男が自分の意思で前の女から私に乗り換えただけだとしても、「盗った!!」と罵られることもあるもんね。そう、それが親友の彼氏だったりしちゃうと、特に。

学生の頃は、誰が誰の恋人なのかわからないなんて日常茶飯事だったが、社会人になって結婚したり子どもができたりする年頃になると、やっぱり好きな男を盗られないように用心するのも女同士の友情を長持ちさせるコツになってくる。

だから少なくとも、私と女友達と彼女の恋人という顔ぶれで食事をしたり、温泉旅行に行ったり、そういうバカなことはしなくなる。いつもだったら誘われるままホイホイ出て行く私も、三人で会うってのはきちんと断る。よっぽどの理由がない限りは。

では、よっぽどの理由とは何か。ひとつは、男が親友である私を嫌っている時。こうなると邪魔をしたくなるから、ドシドシ会いに行く。それと、彼女が涙を流して懇願する時。

「彼の気持ちがわからない。会って話を聞いてほしい。三人で話せば、あたしも冷静でいられると思うから」

大抵は、別れ話がもつれていたりするんだけど。で、本当は、こういう時にのこのこ出て行くのが一番あぶない。何たって彼女も恋人も疲れている。間に挟まれて私は両方に優しく対応することになる。後日、男から電話で呼び出されることもあったりして、つい何となく成り行きでホテルに行ってしまう。

つまり男は私とセックスしたのを盾に、泣いてすがる彼女を振り切ろうとするんだ。当然、彼女の怒りの矛先《ほこさき》は、彼にではなく私に向けられる。「盗った!!」とね。

「違うよ、彼は他に好きな女のコがいるって言ってたじゃない。だから別れたいってさ。私と寝たのはついでだよ」

と説明しても、もう遅い。いや、一度など「他の女に盗られるぐらいなら、あんたに譲る方がいい。彼のこと、色々聞けるし」なんて言われたこともある。そんな恐ろしく面倒な関係、もちろんお断りしましたけど。

## セックスにも回数制限がある

私は他人が思うほど、量をこなしてはいない。量ってのは、セックスした男の数のことね。たぶん三桁は超えていないと思う。この数年間に、自慢じゃないが、ペニス三本しか知らないんだから。しかし未だに性欲はコッテリある。ってことは、オナニーで充足する体になっちゃったってことかァ……嘘だろう。

十代の頃は体力があり余って、しかも仕事も勉強もしていなかったから、やることといったらセックス。誘われたらガキでも爺さんでも、誰とでもやった。数撃ちゃ当たるで、相性バツグンの人とも出会えたし、ただ挿入するだけの、相手の顔も見ないようなインスタントなセックスでも、あの当時は十分楽しめたしね。

二十代になって、まだしばらくはその調子で同時に複数と、相手を入れ替えながら付き合っていた。ところが、だんだんに「至福のセックスじゃなきゃイヤッ」という、わがままな体になっていったんだ。量だけでは満たされない、セックスに質を求めるようになったってわけ。

つまり、行きずり相手の一回こっきりのセックスじゃ、効率も悪いし至福になれる確率も低いのに気づいたの。それよりも体の相性のイイ相手とだけ、じっくり時間をかけて楽しんだ方がお得だってね。

で、「それが恋愛という関係だったのか！」と二十代半ばで、やっと理解したんだ。

それからは、ガクンと男の数が減った。なかなか一対一で付き合うのは難しくて、二股かけたり、時々行きずり癖が出たりしたけど。

でも恋愛なんだと思えるぐらいには、一年半付き合って三百回くらいは、同じ人とセックスできた。他にも、八年間も一人とだけ、ベッタリ付き合ったことだってある。

フ～ッ、それでわかったのは、私に限って言えば、たった一人の男だけと、ずっと気持ちいいセックスを続けてゆくってのは、かなり無理があるということだったんスね。そして体には、あまり無理な負担をかけちゃいけなかったんスよ。

まだジャンジャンバリバリ複数の男とセックスしていた頃、その中の一人から、別れ間際にこんなことを言われたのを覚えている。

「おまえ、今に本気で惚れた男が出て来たとき、すっごく後悔するぞッ」ってね。

私には、彼がなぜ、「色んな相手とセックスしていると、本気で惚れた相手に出会ったとき後悔する」と思っているのか、それがさっぱりわからなかった。彼自身、色んな女とセックスしているようだったしね。

そこを問うと、「男は別。女だけ後悔する」という答えだった。つまり女は、「惚れた相手にまっさらでいる」そうじゃなけりゃ後悔するという理屈だったのだ。リンゴの味を知ったイブがエデンの園を追われたのと同じ、女は味わっちゃいけない、無知でいることが幸せだということらしい。

確かに、男の沽券《こけん》と股間に、経験豊富な女は邪悪にうつるのかもしれない。男は比較される心配のないところで、安心してセックスしたいんだろう。それほどチンチンという器官は脆弱《ぜいじゃく》なのねと私は理解した。

それ以後、セックスする際には、処女を装うようなバカな真似こそしなかったが、絶対に私の方から技《わざ》はかけないことにした。私を斎藤綾子だと知って期待にチンチンを膨らませて挑んでくる相手にすら、最初はグーッと膣を控えめに絞る程度にしたのだ。

恋愛期間に突入したのは、私の技を駆使しても、いじけないチンチンに出会えたからで、これは本当に楽しいセックスの日々だった。好奇心旺盛でタフでデリケートなチンチンと、私のパワフルマンコは、一時も離れていられないラブラブヌレヌレの仲だったんである。

それが一年半で破局。原因を一言でいえば、〝やりすぎ〟ってヤツ。体だけを求め合うホットな関係は、やりすぎて飽きたら終わりだってことを、私はこの時知ったんであった。

## セックスから学んだこと

ベロベロに惚れ合って、連日バコバコにセックスしているうちに、大好きだったタフネス男もさすがにガックリ勃起力が落ちた。

こっちに背中を向けて眠るなんて、やりたくて死にそうな私には地獄。浮気はしない、行きずりもやめる、あなただけよと演歌のノリで愛しちゃうから、毎日してェ〜ん♡　と約束したのに、これじゃ〜やってらんないよ!!

ということで、ホットな関係はセックスの回数が減るのと比例して、徐々に冷めていったのであった。

……というのが、前回までのお話。せっかく一人の相手に絞ってセックスしたのに、今までこんなに激しく拒絶されたことはないってぐらい、こっぴどく突っ撥《ぱ》ねられて、ついにその男とは決別。

一体何が悪かったのか？　誰か恋愛のコツを教えてくれよォ〜、とその時、既に三人ほど、私の周りにセックスできそうな男がいたんだよね。で、フラレて弱っていた私は、みんなにヨヨッと泣きついて、それぞれのチンポで数発ずつドカンと遊んでもらったの。

そしたらその中の一人が、素晴らしい体をしていて、高学歴高収入で、セックスだけじゃなくて色々と座持ちもよくって、一言でいって使える男だったわけ。

今度こそ、とにかく恋愛、何があっても恋愛、一人の男とだけセックスして、死ぬまで満足できる関係が欲しい!!

で、彼とだけデートを繰り返すようになって、遊びに行くのも彼の部屋だけにして、セックスするのも彼のチンポ一本に絞った。やりたくてやりたくてウズウズしても、前回の失敗が身に染みているから、毎日バコバコするようなこともやめた。万が一、連日やった場合も、その後は何日か会わずに間をおくように心がけた。

そして二年。今までの最長恋愛期間達成!!　その時には、セックスが週一回ぐらいでもOKな穏やかな体質に私自身も変化していたんだァ……と、思ったんだけどね。いや、本当は気づいていたんだけどさ、どーも濡れない、おかしいなって。

そう、セックスしようと思っても全然濡れなくなっちゃってたの。当然、挿入時にとっても痛いわけ。アナルセックスするんでもないのに、オイルが欠かせなくて、そんなの生まれて初めての体験だった。

やり始めれば、そのうち気持ちよくなるんだけれど、でもそれまでが面倒臭い。だから何となくセックスしないですむように、体調が悪いとか、疲れてるとか、色々理由をつけてやんわり拒み続けたんだ。

しかし性欲がなくなったのかといえば、そんなこたァ〜ない。他の男のコになら口説かれただけでウルルンとなる。それでも最初に目ざした〝持続する恋愛関係〟のために、浮気も行きずりも一切せずに、欲情したらひたすらオナニーで誤魔化していたんだ。

そして付き合いだして六年目には、年に数回、盆と正月と雛祭りとこどもの日と七夕と、お節句の時にだけセックスする関係になっていたの。翌年はそれ以下、そして八年目には一回こっきり!!　好きなんだけど全然彼に欲情しない。これって恋愛なんだろうか？

それに悩む前に、私は見事にフラレました。彼は、ずいぶん前から他の女に欲情していたらしいんスね。

そっか、恋愛って持続させなきゃいけないもんじゃなかったのよね。私ってば、いつから長続きしなくちゃ恋愛じゃないと思うようになっていたんでしょうか。バカです、ホントに。

そんなわけでホットな恋愛は持続しないし、恋愛を持続させようとすればセックスは冷めるってことを、私は身をもって体験しました。そして出た結論は、浮気も行きずりもタブーなんてクソ食らえ!! ってことです。メロメロに惚れた相手と気持ちいい関係を続けるには、やりたいことはバンバンやるべし。自分の感覚がさびるような関係なんか、コッパになって当然ザンス。

彼氏がヨソに女つくったのに、
それなのにズルズルまだセックスしてる私ー
ヤだなァー別れらんなくてこーゆードロ沼みたいのって……
なんかこうスッパリふっきれる方法って……
そうだ!!
あたし今度からヒサくんとセックスするたびに
金《カネ》払うよ。
何が気に入らなかったのか私はヒサくんに思いっきり
ぶたれました。

# 第二章　ものすごくポパイな股間

# どのように性感帯を開発するのか

夜這《よば》い、間男《まおとこ》のチャンスに恵まれていない、ポパイな股間を持てあましているあなたにおくる性戯のページ。

さて、一回目の今回は、女のコのアソコについて、基礎知識の復習です。

一口にアソコといっても、オマンコ、オメコ、ボボ、メンチョと、様々な呼び名があるように、穴の使い方は同じでも、女一人一人、色も形も肉付きも個人差があり、それだけ感じるポイントも色々、感度も様々です。

くすぐったがり屋の笑い転げる女のコもいれば、いわゆるマグロ型のされるがままの反応の淡い女のコもいる。ペニスを挿入されるより、クンニオンリーな、舐《な》めてくれなきゃイヤってコも多い。

何よりも、あなたの彼女がどういうタイプか、じっくり腰を据えて取り組む姿勢が大切でしょう。もちろん、ただ気持ちよくセックスしたいだけなら、数をこなして、より練り上げられたマンコに巡り会えばいい。愛やら恋は二の次。いや、そんなモン、ない方が気持ちいいかもしれません。

ただエイズが怖いこのご時世だから、とっ換えひっ換えするよりも、気持ちを許せる相手と、お互いの性感を開発しあうつもりで、気長に股間を練り上げあうことをおすすめします。

そのために、まずやるべきことは、

「前の男とじゃ、味わえなかった快感」を、彼女の体から探り当てること。

こんなことを言うと、いきなりロウソク、鞭《むち》、縄を持ち出すド阿呆がいますが、間違えないでください。突然そっちに走れば、ヘンタイ呼ばわりされて訴えられるのがオチです。

基本にかえって考えましょう。彼女の体から探り当てるというからには、彼女自身気づいてない部分だということです。

だから本人に聞いても無駄。拒まれないためには、彼女が眠っている間に探すしかありません。

この時、今まで溜《た》め込んだ情報は、すべて忘れることです。好奇心の鬼になるためには、マニュアル化した情報ほど「百害あって一利なし」なものはありません。

童貞にかえったつもりで……、本物の童貞なら俄然有利だと思って、スヤスヤと寝息を立てている彼女の体に、まんべんなく指を這わせましょう。

しかし起こしちゃいけません。あくまでもソフトに。寝返りを打たれるようじゃダメです。反応は皮膚から立ちのぼるんだから、息をこらえて観察する慎重さが肝心です。

どんな反応か。まず産毛が立ち、汗ばみ始める。とくにアソコ周辺は、彼女が眠っていても確実に反応します。大陰唇はふっくら盛り上がり、膣は充血して、内側からめくれるように膨らんできます。

その頃には、当然グッショリ濡れているはずです。指を差し込めば、吸い込まれるような感じとでもいいましょうか。しかも温泉みたいに熱くなっています。

好奇心が止まらない状態であれば、ぜひケツボボ……もとい、お尻の穴の方にも挑戦してください。

無理矢理に指を押し込めば、彼女はギャッと飛び起きて、あなたはヘンタイ。二度とやらせてはもらえません。細心の注意を払い、静かにマッサージを繰り返し、すっかり穴が弛《ゆる》みきってから、ゆっくり指を入れてゆきます。

う〜ん、残念ですが今回はここまでだ。次回は、彼女がイッたかどうか、その見分け方と演技についてです。尚、お尻に突っ込んだ指で、マンコを触ってはいけません。バレたらブッ飛ばされます。

## どうやって女がイッたことを確かめるか

「おまえ、本当にイッたことあるのか。時々不安になるんだよなァ」

一年と半年間、毎晩のようにセックスしていた男に、ある日突然そう言われた時は驚きました。そりゃ毎回イッたかといえばNO。だけど、すっごく感じてたのよね。それが、この一言で何となく窮屈になっちゃって……。

それにしても、なぜイッたかどうかがそれほどまでに気になるのでしょうか。女がまだイッてないのに終わっちゃう、ベッドの上のベン・ジョンソンは嫌われ者か？それを女百人に聞けば、「そのとおり、そのとおり」の大合唱になるのは間違いない。だって自分本位なセックスしかできない男に、愛情を注ぐことないもんね。

「だったら演技なんて、紛らわしいことするなよォ〜」と思われるでしょうが、ちょっと待った。股間に手を当てて、いや、ペニスを勃起させて考えてください。

そんな太い物が、体の中に入ってくるんだよ。そのうえ、入れるだけじゃなくて引いたり押したり掻《か》き回したり、ペニスを動かすわけだから。女が「ハ〜ッ、ハ〜ッ」喘《あえ》ぐのは演技じゃなくて、肉体的な自然な反応なわけ。

しかし、反応すれば気持ちイイかといえば、それは全く別ものです。これを間違うと、レイプしておいて和姦だと言い張るような、オメデタイ男に成り下がっちゃうから要注意。SMごっこならともかく、「やめて！」と泣いて拒絶されたら、どんなに硬く勃起していても即座にペニスを畳むくせをつけましょう。

さて、話を戻しますが、「ハ〜ッ、ハ〜ッ」は演技じゃなく自然な反応だとしたら、イクのをどうやって確認すればいいのか。もちろんテクニシャンなあなたなら、舌やら指先だけで絶頂感に導くこともできるでしょう。私も過去に、死ぬほど気持ちいいペッティングをされて、動揺しまくったことがあります。

麻薬のような指使いとでもいいましょうか。頭はラリラリ、体はグニョグニョ、男の膝《ひざ》の上で私はすっかりタコでした。「ああッ、もうこの男から離れられない！」そう観念してペニスを待ったのですが……。指は天下一品、でもアソコは二束三文という悲しい結末もあるんですね。

まッ、そんなふうにテクニックだけで女をイカせても、やはり物でイカせなければハートはつかめません。逆に言えば、ハートさえつかむセックスができれば、短小包茎早漏もごまかせます。

じゃあ、どうすればいいか。

「しつこい人って嫌い」

と言う女のコも中にはいますが、ナルシスティックに彼女が愛撫に浸れるムードをつくってしまえば、あとはとにかく粘っこくやるに限ると私は思います。

例えば、射精したくなっても、あと五秒間は我慢する。その時、「イッたか」と聞かれると、イケなくなっちゃう女のコもいるので気をつけて。でも逆に、エッチなことを囁《ささや》かれたら、即イッちゃうってコもいるから色々です。

それから、ペニスを深く挿入し、亀頭の先で子宮口にのの字を書きながら、ディープキスするのも効くみたい。キスはポッテリと、舌の力を抜いて重ねて、なるべく強く吸うこと。息が詰まりそうなほど吸ってみてください。イッたとたん、女のコの舌が力を失って、クニャッとするらしいから。

騎乗位の女のコを抱きかかえて、お尻を揉《も》みしだきながらペニスを突き上げる時は、弛緩した肛門に指を入れるのも効果的なんですって。イッた後、肛門はかなりはっきり広がるらしいので、これは確認しやすいでしょう。

他にも、瞼《まぶた》の下で眼球が震えるとか、足の指が反り返るとか、色々と話を聞きましたが、私の場合は男性と同じ、イッたとたん、膣がピクピク痙攣《けいれん》するんです。

他にも膣が捩《よじ》れる気がするとか、ペニスを押し出しちゃうとか、逆にフワッと膣の奥が広がるとか、もちろんその日のコンディションによって、ひとりの女でもイッた後の状態は様々に変化するみたい。

こんなふうに、付き合っている相手が何をされると喜ぶか、くまなくチェックするのもいいですが、イクことをプレッシャーにしないように。それって女のコには、結構しんどいことですから。

さて、次回はいよいよ女のコにさせる方法、フェラチオ編です。

## フェラチオのやらせ方

連載三回目にして、早くもフェラチオです。

三回のデートのうちに、彼女をベッドに引っぱり込み、もちろんフェラチオもバッチリやらせちゃう。まァ、これは鉄則でしょう。なぜならば……。

サルを飼う時に大切なこととして、まずニンジンやらイモやら与えて油断させ、向こうが心を許した瞬間、その首根っこに齧《かじ》りつくっていうのがあるんですね。

これは、「お前のボスは、オレだ。わかったな」というサインで、フェラチオにも、同じような意味合いが。つまり、「お前の中に入れてやるのは、これだ。わかったな」というように、力関係をはっきり示す威力があるんです。

こんなことを書くと、フェミニストの皆様のお叱りを受けそうで恐ろしいのですが、とにかく躊躇《ちゅうちょ》はいけません。といって、無理矢理咥《くわ》えさせろっていうんじゃない（チンポ嚙《か》み千切られても責任負えませんから、悪しからず）。そうじゃなくて、女に能動的にフェラチオやらせちゃいけないと言ってるんです。

じゃあ、なぜいけないのか？

ベッドに寝転んでいれば、黙っていてもフェラチオしてくれる。こんな楽チンなことってないじゃなーい。

そう思うでしょう？　でもね、最初からこれで始まっちゃうと、女はつけあがるのよン。遊び狂ってる女の間で「男を食う」っていうのは、フェラチオでサイズやら硬さ、長さ、光沢、勃起角度をじっくり測ったうえで、やったことを言うんだから。

測られても大丈夫なら、なんも言うことありませんけど。そうでなけりゃ、「ペッペッペッ、まずくて食えないわ、こんな粗チ〜ン」で終わる可能性もあります。それに、たとえセックスしたとしても、その後、「お前のマンコは俺のものだぞ」というような力関係は望めないし。だって、あなたが食われてるんだから。

あなたがマゾならともかく、そうでないならベッドに引っぱり込んだその時に、ちゃんとフェラチオさせること。させるからには、どこをどうすると気持ちよくなるのか、きちんと指導することです。

もう少し力を入れて咥えろとか、カリのこっち側よりココの方が感じるとか、タマの愛撫の方も忘れるなとか、「お前は、俺の専属の娼婦だ」と言わんばかりに教え込む。このやりとりが、より一層、女をマゾヒスティックなイイ気持ちにさせること請け合いです。

そりゃ中には、「えーッ、やだァ。疲れちゃうよォ〜」とブーブー言う女もいるでしょう。それは彼女にマゾっ気がないか、あなたがフェラチオさせ下手かのどちらかです。

上手い男は、フェラチオさせながら女を濡らすことができる。

このテクニックは、ひとえにあなたの色っぽさにかかっています。女の舌戯にいかに感じているか、どんなに気持ちイイか、それをエロティックに伝える技術のことです。

女を痺《しび》れさせる声と、女の髪や頬を撫《な》でる指の動き一つで、奉仕しながら彼女はグッショリ。これができれば前戯したも同じ。手間いらずでとっても便利。

ただし、ひとりでイキまくってるような演技だけはやめてください。抑えが効いている放心状態でなけりゃ。男の色気にも、照れや羞恥心は大切です。

もちろん、遊んでくれるお姉さんがいるなら、それこそ手放しでベロベロにフェラチオされて、色っぽさに磨きをかけましょう。そうすれば、フェラチオだけで女をイカせる、夢のような技術を習得することもできるかもしれません。

さて、以上のようなフェラチオを楽しむ場合、忘れちゃいけないのがご褒美《ほうび》です。サルだって、首根っこを噛まれるだけじゃ、飼い主との主従関係は上手くいかない。ひとつ芸を仕込んだら、ご褒美をあげなくちゃ。これだって大切なコミュニケーションです。

女のコによっては、クンニって形のご褒美を期待するコもいるだろうし、セックスが終わった後の、優しい愛撫や腕枕がご褒美と信じてるコもいます。

女のコのもっている、「彼は、私の肉体の虜《とりこ》だわ」という幻想をくすぐるような、言葉やムードを与えるのが、最も効果的なご褒美だと私は思いますが。

次回は、フェラチオから一歩突っ込んだイラマチオなどのお話を。お楽しみに。

## マンネリ化したセックスの打開方法

セックスをテクニックだけで語ろうなんて、ふざけるんじゃない！　恋愛あってのセックス、ドラマあっての性行為じゃないのッ、と女のコたちの怒りの声が聞こえてきそうで、私は怯《おび》えております。

しかし、それでも私は、できる限りテクニックですすめていきたい。ドラマは皆さん、オリジナルに楽しんでください。そんなわけで、今日お話しするのはイラマチオ。

ところで、イラマチオとは何語でしょうか？　「そりゃもう死語さ」と笑って答えちゃうほど、最近とんと耳にしなくなったのは、女のコにとってはイイことなのかもしれません。だってフェラチオを和姦だとしたら、イラマチオは強姦。女の頭を押さえつけて、嫌がるのを無理矢理喉《のど》の奥までペニスを突っ込んで、ゲェゲェやらせる。そんな行為、女のコが喜ぶわけがありませんから。

なのにAVじゃよく見かける。特に女犯モノは凄《すご》いらしい。女は犯されたがっている。そう思ってやっているなら、冗談じゃない！　勘弁してくれっです。

しかし確かに、女のコの多くは、処女喪失のあの瞬間を、セックスするたびに味わいたいと思っているようです。その証拠に、「私はあの人のために、仕方なく体を捧げるの」というふうに、セックスに責任とらない態度が得意ですから。

まァ、皆さんだって、恋人にするならズゴバゴヤリヤリ女より、少しウブな女のコの方がいいと思ってるんでしょ？

そういう男心をよ〜く知ってるから、「セックスはするもんじゃなくて、されちゃうもんだ」と、女のコたちは思い込んできたんですね。

それが妄想の中で過剰に膨らむと、セックス＝犯される行為になってゆくわけです。でも、これはあくまでも妄想、性幻想です。くどいようですが、現実に犯されることを望んでるわけじゃない。

「それじゃあ、イラマチオなんか結局できないじゃないか！」

そうです。できません。が、稀《まれ》に、恋愛の蜜月が過ぎて、セックスがマンネリ化してきた時など、このイラマチオが特効薬になる場合があるんです。

例えば、彼女がヒステリックにわがままを言い出した時。おろおろと言うことを聞いていても、一向に機嫌が直らない。普通なら「勝手にしろ」で、その日のデートは終わりになるんでしょうが。

こんな時、彼女の腕をつかみ、体を押さえ付けて、どんなに嫌がってもキスをしまくる。抵抗が解けたら、イラマチオの出番です。車を路地に停《と》めて、その中でやるのもいいでしょう。部屋でやるなら、バスルームがおすすめです。

ちょっと雰囲気を変えて、SMっぽくやるのがポイント。ですが、本気を出しちゃいけません。女のコがマジに怯えたら、何もかも終わりですから。

髪の毛をつかむのも、動作は大袈裟《おおげさ》に。だけど優しくやってください。ペニスを咥えさせる時は、手を使わせないだけで無理矢理って気分になります。それからペニスを喉の奥にねじ込む時、少しずつゆっくりと。そうすれば、涙を流しながらのディープスロートも大丈夫です。

あとは奉仕させるフェラチオに移行するのが一番自然ですが……。彼女にSMっぽいノリが出てきたなら、どこまでやれるか試してみるのもいいでしょう。

例えばゴールデンシャワーごっこや、アナルセックス。目隠しして、ストッキングで縛って、大人のオモチャで遊ぶのも面白い。バスルームでなら、ハチミツやらアイスクリームを使って楽しめます。

そこで、次回はＳＭについてです。ＳＭっぽいのが好きでも、やっぱり殺しちゃまずい。虐待とＳＭは違います。次回は、そこをしっかりチェックしましょう。

## SM講座〈技術編〉

私の本職は、小説を書くことなんですが……。小説なら妄想の行きつく限り、どこまでも人間を痛めつけられる。

縄で縛り、天井から吊し、鞭打ち、ロウソクを垂らし、乳房、瞼、あらゆるところに針を刺し、浣腸し、肛門にビール瓶を突っ込み、ペニスやラビアをピアッシングして、しばらく檻で飼った後に、焼き鏝《ごて》で印をつけ、競売にかけ、最後は肉を切り刻み、死んでゆく姿を鑑賞し、その肉片を賞味する……なんてふうにね。

『O嬢の物語』だって、小説だから非現実的なリアリティーを楽しめるんです。それが幻想の世界だからこそ、主人公が絶対の愛に恭順でいられ、読者も嫌悪を抱かずスルスル読める。

まッ、そういう一歩間違えると殺人というSM幻想は、頭の中だけで楽しんでいただくとして、ここではもっと軽薄でお手軽に楽しめる、お仕置き程度のプレイについてチェックしていきましょう。

その前に、ＳＭプレイはサドとマゾの間にコミュニケーションがなければ成り立ちません。自称マゾの私だって、いきなりパシッとやられたら、「てめェ、何しやがる！」で、ボカッと殴り返します。

その昔「日本の女は犯されるのが好きだ」なんて、バカなイラン人が口走ったようですが、ふざけちゃいけない。やられる側が、やられることを心の底から望むようでなけりゃ単なる暴力、ただの犯罪です。

そこをしっかり肝に銘じて、お互い了解のうえでプレイに臨んでいただきたい。

さて、具体的なプレイの種類ですが、肉体的痛みを伴うもの（鞭打ち、ロウソク、縛りなど）と、精神的痛みを味わわせるもの（言葉嬲《なぶ》り、その他辱《はずかし》める行為など）の大きく二つに分けられます。

あなたがマゾなら、説明するまでもありませんが。痛みがなきゃ興奮しないマゾ、辱められることだけを望んでるマゾ、アナル責めだけを好むマゾなど、一口にマゾといっても色々なタイプがあります。

あなたがサドになる場合は、痛みを伴う行為について、相手がどこまで大丈夫か、手加減することが重要です。特に相手を縛ったりして、自由を奪ったあとで痛みを伴うプレイに入るのは、嫌がっているのか喜んでいるのか、反応が判断しづらく、行為がエスカレートしがちです。

例えば長時間の縛りや宙吊りでは、相手が神経をやられて感覚を失い、入院なんてことになりかねません。そうじゃなくたって、縛った部分が紫色に変色したら、日常生活に戻った時、周囲に白い目で見られることになりますから。

同じようにロウソクも、火傷《やけど》する可能性があるから要注意です。私の体験からいえば、ロウはなるべく肌から離して落とすのが無難。痛みも薄らぐし、睫毛《まつげ》や陰毛を焦がすこともありません。

それから、椅子やテーブルに縛りつける時、あるいは吊す時には、もっと危険が伴います。相手は手足を拘束されているわけだから、椅子が倒れたり、滑車が滑って落ちたりしても防ぎようがありません。首の骨を折って死なれたら、いくら了解のうえでも犯罪です。力量以上の行為は、SMクラブなどの施設で楽しむこと。

最後に、セックスの時にはコンドームで防げた病気も、針責めで感染しちゃう可能性も出てくる。SMは奥が深い分、危険がいっぱいです。ビデオの真似をして痛い思いをしないよう、それと、ひとりSMやって命を落とさないよう、皆さん十二分に気をつけてくださいませ。

今回は、肉体的な痛みを伴うＳＭプレイについて、非常に真面目にチェックをしてみました。次回は、どうやれば彼女がその気になるか、メンタルなＳＭの楽しみ方、誘い方についてです。

行為の危険性を認識したうえで、心を込めてＳＭプレイいたしましょう。

## ＳＭ講座〈精神編〉

　恋愛は、どちらがより愛されているかの探り合い。セックスに燃えるのも、駆け引きにハラハラドキドキできるから。当たり前の話で恐縮ですが、恋愛そのものが、既にＳＭなんですね。

　さて、前回は、行為としてのＳＭの注意点をあげてみましたが、今回はメンタルなＳＭ。これをテクニックで解き明かすのは、甚《はなは》だバカバカしい。これこそがオリジナリティーが重要な、マニュアル化できないものだからです。

　しかし、恋愛の初めの一歩を踏み出したあなたになら、少しは参考になるかもしれません。ただし、あなたが彼女にベタ惚れで、そのままいじめ続けてほしければ、これを読む必要はありませんが。

「俺はマゾじゃない！　彼女を調教し、彼女の心を思うままに操縦したいんだ」

そのためには、まず何といってもセックスが強いこと。そして、妙な誠意は捨てることです。ちゃちな嘘をついて、彼女のご機嫌を伺うようじゃ、恋愛の醍醐味《だいごみ》は味わえない。

「K子と寝たの!? 正直に答えて!!」

こんなふうに問い詰められたら、即座に彼女を組み敷き、最高のセックスを与えながら、K子の体がどんなだったか、どの体位でどんなふうにK子が喜んだか、微に入り細を穿《うが》ち話してやりましょう。

きっと彼女は途中で泣き出し、あなたを突き飛ばすでしょう。だけど暴れれば暴れるほど、しつこく激しく行為を続けること。ここまでくると、ほとんど強姦です。快楽だけに意識を集中させ、エゴイスティックにやりまくってください。

そして、最後に甘い一言を。ムチのあとは飴《あめ》です。彼女の体が最高に感じる、K子とは比べものにならないほどイイと、悪魔のように囁くんです。この時、射精し終わったペニスを挿入したまま、正常位で彼女を腕の中に抱き、じっと目を見つめて、額の髪を指で撫で上げ、涙の跡にキスをしながら囁けば、より効果的。

もし、「もう絶対K子と寝ないって約束して」なんて言われたら、「俺は嘘はつかない。だから約束はできない」と、キザな台詞《せりふ》ですが、きっぱり答えればいいんです。これじゃ彼女にふられるなんてバカな心配はしないでください。離れかけた女心など、簡単に引き戻せますから。

それには、事前に彼女に習慣性を植えつけておくことです。例えば、毎晩夜中の十二時に電話をかける。二言三言話し、「じゃ、俺、眠いから」と切ってください。長電話は効果を半減するので要注意。

そして、仲が険悪になっても、十二時という時間を守ってかけ続ける。邪険にされても、一週間ぐらいは続けましょう。それから、パッタリかけるのを止《や》める。これは効きます。彼女を自惚《うぬぼ》れさせておいて足払いを喰らわせるようなもんです。

いつの間にか彼女は、十二時になると、電話の前で待っているようになっているはず。三日もすれば、彼女の方から電話をかけてくるでしょう。そうしたら何事もなかったように抱けばいい。もちろん前よりも、薄情に気まぐれに対応するのがポイントです。

そうやって、彼女が何度も別れ話を持ち出せば持ち出すほど、逆に、あなたから離れられないことを知るはめになります。万が一結婚を口にしたら、「今は、そんなこと考えていない」とかなんとか、生殺し状態で弄《もてあそ》べばいいんです。

ここまでくると、面白いほどあなたの言うことをきくようになります。体がつながっている時だけが、彼女にとっての唯一の信じられる瞬間だからです。

しかし、こんな残酷なこと、あなたは惚れてる女にできますか？

# 女をイカせるセックスの演出

個人的なことを言うと、私は非常に即物的な女なので、男の部屋には勃起したペニスさえあればイイと思ってるんですね。

下手にムードを盛り上げられると、何だかシラケてやる気も萎《な》えちゃう。それで小道具なんか持ち出された日にゃ、「殴ったろかッ」って気分になる。

しかし、小道具やムードを上手く利用する男には、心底グッときます。それに彼がどんなに悪い男だろうが、別れた後、切ない思い出になって残るし。思い返せば、そのどれもがお金なんかかからない、遊びのノリで男がやった行為なんですが。

そう、バブルの頃に流行《はや》った、高級レストランでお食事して、ジュエリーやバッグをプレゼントされて、ホテルのスイートで夜景を眺めながらグラスを傾けるなんて、あんな成り金オヤジみたいなことしなくたって、思いつき一つで楽しめるの。

例えば……（ドラマは書かないつもりでしたが、こればっかりは私のような女にしか通用しないテクニックかもしれませんから、具体的に書きますね）。

あれは、行きずりみたいな出会いだった。男に連れて行かれたのは、アパートの一階にある狭くて暗い彼の部屋。和室に敷かれた煎餅《せんべい》布団で、すっごく気持ちいいハードなセックスをしたんですね。

でも、それだけだったら、きっと彼のことなど忘れちゃってる。あの時、起き上がれずに横になっていたら、タバコを買いに彼が外に出て行っちゃったのね。それで、帰って来るなり私の体に、ポケットいっぱいに摘んできた小さな花びらを振り撒いたの。

見ると、それは歩道に咲いていた沈丁花《じんちょうげ》の花で、私は一瞬にして、気が狂いそうなほどい香りに包まれた。それが媚薬《びやく》になったのか、夜露に濡れた冷たい花びらを股間にくっつけたまま、夜が明けたのも気づかずにセックスし続けちゃったんです。

それから、これは別の男の話。

初めて部屋に遊びに行った夜、レコードを聴いたりビデオを見たり、楽しくおしゃべりしてたら……。何を思ったのか、彼が突然、自分のお気に入りの洋服を引っぱり出したんですね。で、その中からシャツとパンツを私に渡して、着替えるように言ったわけ。

私は三人姉妹の長女で、男ものの服なんか着るチャンスなんて滅多になかったから、もう大はしゃぎ。もちろん彼が、後からスタイリストみたいに手を加えてくれたのも嬉しかったし。

それでマニッシュな感じに仕上がったとたん、夜の街に繰り出そうってことになって。渋谷で遊んで、明け方彼の部屋に帰って、その夜も泊まって。結局、私が服を返してもらえたのは三日後。泊まらずにすぐ帰るつもりで遊びに行ったのに、涙が出るほど楽しくて、仕事も休んで二人で死ぬほどセックスしちゃいました。

こういう思いもよらない出来事って、魔法にかけられたように、恋の気分を盛り上げる。モーテルのバスタブを使うんでも、ミルクを垂らして、真っ赤なバラの花びらを浮かべるだけで、笑えるほどゴージャスな気分になっちゃう〜とか……。

とにかく初めて彼女を抱くなら、現実からタイムスリップしちゃえるようなムードを作るに限ります。そうすれば別れ間際に、「今度いつ会えるかなァ?」なんて聞かなくたって、彼女の方から「また遊んでくれる?」って目を潤《うる》ませるに決まってるもん。

ただし、オリジナルじゃなきゃ意味がありません。「あーッ、これ、『ポパイ』で読んだァ」なんて言われちゃ情けないですから。

今回は、女のコの喜ぶカワイイ演出を紹介しました。次回はもっと深い仲になってからの、セックスの時に効果的なエロティックな演出についてお話しします。お楽しみに。

## パンティーでわかるセックスの傾向と対策

今回は、恋愛初心者へではなく、電話一本で飛んで来るホットな下半身の彼女がいるアナタへ。

三回目のデートでセックスして、それからは会うたびにやりまくってる。そんな幸せ者にゃ話すこたァ何もない。が、目の前に出されたご馳走を、毎度ガツガツ食ってたら、さすがに三十発もやりゃ飽きちゃうよ。最初は可愛く見えた彼女の裸も、三カ月も経《た》てば、ただの肉ダンゴに思えてきたりして……。

で、部屋にゴロッと横になり、彼女に手料理を作らせて、背中向けてテレビをゲラゲラ笑って見てたらどうなるか。

「私ばっかり、何でこんなことしなきゃならないのよォ！」と彼女は、突如ドッカーンと爆発するに決まってる。

女のコの、何の前触れもない怒りの直撃ほど、恐ろしいものはない。彼女が、「つまんない、つまんない、つまんない」を連発し始めたら気をつけること。そのうち機関銃のように言葉を乱射する。そうなれば、アナタはわけもわからず叩かれる、サンドバッグ状態に陥る。「ディズニーランドに連れてってくれるって約束したのに！」「週末はドライブしようって言ったじゃない！」「今夜は横浜で食事するはずだったわよ！」

女は何でも覚えているんだ。そして怒る。だが本当の理由は、そんなことじゃない。必要なのは、ムーディーなセックス。それさえあれば、彼女の怒りの黒い血は、経血と共にマンコから出てゆく。

もちろん、三カ月でコロコロ女を替えたいなら、それもいい。でもね、爆発した勢いで別れを決意した女に、「夢中ってほどじゃないけど、別れようとは思ってなかった」なんて、泣きを入れては遅いからね。そうなる前に心がけよう、彼女の好みを見抜いて、ムーディーなセックスをすることを。

じゃあどうやって、彼女の好みを見抜くか。まず穿《は》いているパンティーをチェック。ここでは三タイプに分けてみた。

代表的なのがフリルの花柄タイプ。パンティーの色は白かピンク系。誰が穿いても年不相応に見える。Tバックと対照的なお尻を包む形で、エロティックとはとても言えない代物だ。

四十路《よそじ》を過ぎたオバサンたちにまで、広く安定した人気を得ている。

これが好みの彼女は、可愛がられたがり。セックスから一番遠い、純潔ムードを愛している。ムートンの肌触り、ピンク色の飲み物、バラの花の香り、フワフワの羽根のついた扇子や襟巻。とにかく柔らかな感触の、純白の小道具に弱い。

照明は淡く、例えばフェイクファーの襟巻で手首を柔らかく縛り、松葉崩しで挿入するところを、鏡を使って見せる。「可愛い私が犯されてる！」という恍惚にポーッとなって、その後一カ月はセックスしなくたって、まず爆発しないだろう。

二つめは、シルクのレースタイプ。これも白や花柄だったら、フリルタイプの女のコに近い。しかし、Tバックだったり、黒、紫、アニマル柄だったりしたら正反対のタイプだ。露出するのが好きでボンデージなんかに興味があるはず。

彼女には、単純なセックスは厳禁である。恥ずかしいくらい華美な演出が効く。誰に見られるわけじゃないんだから、ガーターベルトにギンギラメ入りのストッキングを穿かせて、リオのカーニバルのノリで、挿入したままランバダを踊ろう。乳首にイヤリングをはめて、クルクル回させながら後背位でやってるのを、ビデオに撮るのもいいかもしれない。

三つめは、何の飾りもないシンプルなサポータータイプ。この彼女には華美は厳禁だ。遊び心でも軽蔑されかねない。それよりシンプルで健康的な演出を。

例えば、ランニングをした後のセックスなんかがいい。走る時間がなければ、とにかく歩かせること。その後のセックスは、驚くほど膣の中が練れている。熱く火照《ほて》って、よく濡れて、クリトリスも感じやすくなって、同じ女とは思えない。

真っ昼間、部屋に呼ぶ時に、パンティーを穿かないで来るように言うのも過激にスリリングだ。部屋に着いた時には、それだけで太股《ふともも》まで濡らすほど、彼女は感じているはずだから。

さァ、さっそく次のデートで試してみよう。ただし、彼女がどのタイプか間違えると、ドヒャーッてことになるよン。

## セックスをする場所について〈自分の部屋編〉

今回のテーマは、セックスする場所です。ハイ、そこのあなた、「公園で青姦もいい季節だよなァ～……」なんて、いきなり過激な想像は慎《つつし》みましょうね。

そうじゃなくて、もっと真面目に実用的な例を一つ一つあげて、効果と注意すべき点を考えてみたいと思います。

やはり何といってもラブホテルが、もっとも一般的で使用頻度の高い場所でしょう。しかし、入る前に大きな問題が立ち塞がっています。そうです。満室巡りになってホテル街をウロウロすることです。

女のコの気の長さと、彼女の発情の具合にもよりますが、「あたし、別にセックスなんかしたくないのよねェ」と、探すのをあなたにお任せ状態であれば、三軒目までに決めなければいけません。

で、やっと空室をみつけても、しみったれた連れ込みはまずい。すでに大陰唇のホクロをしゃぶっている関係なら、それも愛嬌ですまされますが、セックスを三回もやってない、ホヤホヤの相手には厳禁です。いくら値段が安くても、懐が寂しくても、ここはグッとこらえて。

行きずりの女だって嫌がるはず。私だって、「斎藤チンポコをえらばず」と言われて久しいですが、破れ障子の薄ら寒い部屋だけは勘弁してほしい。「斎藤もチンポコの誤り」とばかりに、男を突き飛ばして逃げ出します。それぐらいならネットが掛かった工事現場で、立ったままやるもん。そうそう、新宿や池袋あたりのシティーホテルのトイレが、夜は結構使えまっせ。

……そうじゃなくて、真面目に考えましょう。さて、連れ込むのに一番いい場所といえば、本当はあなたの部屋なんですね。初めの二、三回はホテルを利用して、彼女の肌になじんだら部屋に誘う。

妙にきれいに片付けるより、あなたの生活を垣間見られる程度にしておく方が、女には刺激的です。例えば洋服が溢《あふ》れてる部屋だったら、天井にパイプを張り巡らせて服をかける。本でもCDでも溢れている物があるなら、とにかく見せる収納で彼女を圧倒した方がのちのち楽です。

隠しておくと、付き合ってゆくうちにジワジワばれて、「何でこんなモンにお金をかけるのよォ」と、彼女に雷を落とされる原因になります。つまらない口喧嘩をするより、最初からドーンと見せてパンチを喰らわせておきましょう。

さて、あなたの部屋でセックスする習慣がついたら、気をつけねばならないのが、女の忘れ物です。複数の恋人を抱えているオマンココレクターなら、なおさらチェックは怠りなく。指輪やらイヤリングなんて、可愛い忘れ物のことを言ってるんじゃありません。パンスト、ブラジャー、未使用の生理用ナプキン……そういった、見つけたらギョッとする忘れ物のことです。

まさか……と思うでしょ？　それはあなたが、気がついていないだけのことなのよ。発情した女の体臭が染み込んだ忘れ物を、無意識を装って落としてゆく。あなたの狭いワンルームで、女同士の凄《すさ》まじいマーキング合戦が、実は繰り広げられているんだからン。

つまり、ベッドの下（ここは初心者）、動かすことの滅多にない家具と壁の隙間《すきま》（ここは中級者）、カーテンを引き寄せる側の床に敷いた絨毯《じゅうたん》の下からはみ出させて（ここは上級者）、そういうところにさり気なく、脱いだストッキングなどを落としてゆくわけ。

滅多に部屋を片付けない彼には、できるだけ気がつかれないように。しかし部屋を掃除に来るような関係の女がいれば、一発で見つかるように。

次に遊びに来た時に、忘れ物が同じ位置にあれば、自分以外に女はいないんだと、ホッとそれを拾いあげる。別れ話の出た後にそれをやる女もいるから、新しい女のコを連れ込む前には、そういう日頃見てない場所をチェックすること。

それと、忘れ物を発見したら、とにかく捨てちゃいなさい。忘れた女のコは、なくなってることに気づいて、ますますハードな忘れ物をするでしょうが、しょうがありません。二股かけていたら、どっちのかわからないですものね。

おや、まだほんの触りなのに、もうページが尽きてしまいました。そんなわけで、もっと怖い話はまた次回。さっそくベッドの下を覗《のぞ》いてごらんあそばせ。

## セックスをする場所について〈彼女の部屋編〉

前回に引き続き、セックスする場所のチェックをしてゆきましょう。

その前に、ちょっと気になることがあります。それは女性雑誌の女のコたちの悩み相談の内容です。例えば、「最近、彼ったら全然してくれません。三カ月後に式を挙げる予定ですが、このままじゃ不安です。どうしたらいいんでしょう」

そうなんです。「最初のうちはバカスカやってたのに、今じゃ月一回。アタシは欲求不満で死にそうよ！」というのが非常に多い。しかもセックスが月一回になったからって、相手の男性は別れたいと思っているわけじゃないらしい。

おーい、みんな発情してるかァ!?

うん、きっと発情してるよね。でも同じ相手だと、すぐ飽きちゃうんだよね。だからって、彼女を嫌いになったわけじゃないしね。困ったね。

さァ、そうなったらどうすりゃいいか。答えは二つに一つ、女を替えるか禁欲するか。義務的なセックスをだらだら続けるより、禁欲する方がまだ関係の鮮度を保てます。期間を決めて実行するのもいいし、とにかく彼女に「してよォ〜」と言わせない状況をつくることです。

そんなこと嫌だと彼女が言ったら、別れちゃえ、別れちゃえ。気のないセックスを続けてたら、そのうちインポになっちまうぜ。それより新しい女を探す方が、よっぽど体にいいって。

まァしかし、そんな状態に陥らないためにも、セックスする場所についてじっくり考えてゆきましょう。先週は、あなた自身の部屋でするのが一番だと断言しました。それには違いないのですが、気をつけなきゃならないのは、セックスする気もないのに、彼女を部屋に入れちゃいけないということです。

手料理を作ってもらって、一緒にビデオを見てファミコンして、何もせずにゴロゴロ過ごす。これが一番毒なんですから。約束していないのに、突然彼女が来てしまったら、玄関口で追い返すぐらいの気持ちでいましょう。

彼女に主導権を握られたら、恋愛は終わったも同じ。パートナーの関係になる気があるなら、つまりセックスがなくなっても関係を続けてゆく気があるなら、それも素敵だと思いますけど。セックスする以外の時間を長く共有すればするほど、あなたの発情のテンションは落ちてゆきます。それだけは覚悟してください。

「だけど、せっかく来てくれた彼女を、追い返すなんてできないよ」

そういう優しいあなたは、セックスを自分の部屋でするのだけはやめましょうね。そうでなけりゃ、いつの間にかあなたの部屋には、彼女のパンティーやら着替えがワッサワッサ溜まり始めて、押し掛け女房を迎えることになりますよ。

でも、毎回シティーホテルを使うわけにもいかない。だから、彼女の部屋でセックスするんです。もちろん部屋をホテル代わりに使うんだから、小さくてもいいから花束を忘れずに。花よりダンゴの彼女なら、ちょっと高いフルーツを。洋梨、マスカット、ライチなんかをひと握り買ってゆくといいでしょう。

フルーツは、ビデオを見ながらムシャムシャ食べるんじゃなくて、セックスの時に使います。手のひらにのせて、犬に餌をやるように彼女に与えるんです。小道具として使うなら、彼女の膣に入れてあなたの口で吸い取って食べるのもいい。

しかし彼女の部屋に行くのも、セックスするためだけにすべきです。食事をすればその回数分、彼女とやるはずのセックスが減ると思ってください。

悩み相談で、こういうのもあります。

「私の部屋に来るたびに、彼はセックスばかり要求します。何だかそのためだけに利用されているようで、とても不安です。どうすればいいのでしょうか」

実は、この不安こそが発情の源なんですね。ただやりに行くだけだと、さすがに女も「ふざけんなよ！」とケツをまくるでしょうが、花束やフルーツ、アイスクリームやミモザのバスオイル、そういった小物を携えて行けば、もう何も言えません。毎日でも来てほしいと思うようになるでしょう。

だけど、週二回以上は行かない。しかも泊まらない。これを守れば、五年は鮮度が保てます。彼女を心から愛してるなら、ぜひチャレンジしてみてください。

## セックスをする場所について〈アウトドア編〉

この春、東京に出てきた皆さま、東京での生活はいかがですか？　四畳半そこそこの狭い1Kのアパートを、六畳のワンルームだとそそのかされてベッドを持ち込んだあなた、テレビと洋服掛けを置いたら、もう部屋はギュー詰めざんしょ。

渋谷まで自転車で二十分で行けるからって、その狭い部屋じゃ、女のコを連れ込むのはちょっとね〜。……なんて心配はご無用。セックスするなら、とんでもなく広い場所か狭い場所か、そういうところの方が絶対に感じるんですから。

ただしそれは、行きずりのような一回こっきりのセックスに限ります。つまり特定の彼女ができて、料理を作ってもらったり、セックス以外の部分で楽しもうと思ったら、やっぱり普通の広さの部屋に越さないとダメってこと。毎度狭い部屋でのセックスじゃ、さすがに愛想を尽かされちゃいまっせ。

てなわけで、今回は、ちょっと変わった場所でするセックスについて。もしあなたの部屋そのものが変わっているなら、何度も言いますが、行きずりのセックスにぴったりです。どんどん女のコを連れ込みましょう。

さて、変わっているとはいえない、今やポピュラーな行為になっているのがカーセックス。夜の海岸通りで一発やろうとしたら、暴走族に取り囲まれて恐い目に遭ったというドラマみたいな体験をしてるカップルを、私は知っています。

カーセックスは、人気のない場所ほど実は危険。安心してやりたければ、真っ昼間、住宅地の中に虫食い状にできた駐車場で、車にシートをかけて、子どもの遊び声など聞きながらいたしましょう。

そういえば、いただいたお便りの中に「カーセックスのやり方を教えてくれ」というのがありましたっけ。セックスなんて、どこでやろうがやるこたァひとつ。何を教えろというんでしょうか？

それよりも、脇腹に膝蹴りを食らってから、女のコが嫌がっているのに気づくようなサイテー男にだけはならないでね。

「落ち着かない場所でセックスするなんて冗談じゃないわよッ」という女のコだって、いっぱいいるんですから。

それと、これからのカーセックスは、暑さと排気ガスに要注意。イッたのはいいけど、あの世にまでイッちゃったら、元も子もありませんから。

ところで、「狭い場所なら、車よりトイレよ」と自慢気に教えてくれた友人F子によると、最近は喫茶店もデパートも、トイレが見違えるようにきれいになって。出入りさえ上手くいけば、これほど興奮するイイ場所はないとか。

「何たってカギが閉められるから安心よね。それに誰かが隣に入っても、水を流しながらやれば全然平気だもん。それより隣のオシッコの音とかが聞こえて、彼ったらすっごく興奮しちゃうのよね」

う〜ん、斎藤もビックリのトイレ事情です。そしてF子は、なおもしゃべり続ける。

「人の出入りが気になるなら、銀行が入っているような雑居ビルが狙い目ね。トイレはきれいだし、人気はないし、駅には近いし、別れのセックスやり放題よ」

いいのか、本当にそんなことやって!?　いやいや、それだけじゃありません。彼女の周囲の連中（みんな二十三歳くらい）に聞いたら、建築中の家に上がり込んでやったとか、早朝の会議室でやったとか、真っ昼間デパートの屋上でやったとか、バイト先のモデルルームでやったとか、もう次から次へ出てくる出てくる。

もちろんアウトドアなんていったら、それこそ腐るほど色んな話が聞けるの。

例えば、「私の田舎じゃ、桑畑でも裏山でも川原でも、どこでもやりたくなったらできた」と胸を張るコもいれば、「やっぱり花火の夜に、人混みに紛れて騎乗位っていうのがスリルがあった」なんて言うコもいるし……。

女のコたちは、「行きずりっぽく、その場限りで一回やって、それから会っていない」というケースより、「二人の関係がマンネリ化して、それを打破するために」という理由で、ちょっと変わった場所を利用するようです。

つまり、変わった場所でするセックスは、最後の切り札として取っておく方がいいみたい。どうせ別れるならってんで、所構わずズゴバゴやるのにも利用できますしね、ヘッヘッヘッ。

## 性病について

　前々から、「一発やりてェな」と思っていた女のコと、ついにベッドイン。あるいは、行きずりの可愛いカノジョを、まんまとホテルに連れ込んだ。

で、しゃぶりつくようにキスをしながら、指をパンティーの脇から滑り込ませ、陰毛の濃さを確かめる余裕もなく、ワレメに指を這わせれば……。「ああッん、いやァ〜」と、女のコはのけぞる。

が、アソコは既に「嘘コケ」ってぐらいヌレヌレ状態だ。中指を伸ばして、グィッとマンコに差し込めば、トロケるような感触。指先はチュッと吸われて、こっちの股間も、もう「たまらんゾ！」と雄叫びをあげてる。

　乳房に顔を埋《うず》めて、甘い匂いにむせびながら、とりあえず彼女にペニスを握らせりゃ、細い指がカリをキュッキュッとしめあげて、親指が先走りで濡れた亀頭をクルルンクルルン撫で回す。

う～ん、こりゃエエ。そこで一気に姿勢を変えて69。彼女の体を抱きかかえ、顔を跨《また》がせて、乳房の間からフェラチオされてる息子を眺めながら、クリトリスをゆっくり舌先で転がす。

と、彼女の太股がビリビリ震えだして、マンコ広げたままケツを突き上げた格好で、「もうダメ～。感じちゃう～」なんて喘ぎ声を漏らしだした。こうなったらもう、入れるっきゃない。

バックからガンガン突き上げてやりたいところだが、そこはグッとこらえて、まずは正常位で。彼女の体を仰向《あおむ》けにベッドに転がして、股の間に腰を沈めて、亀頭を膣口でグニュグニュ濡らしてから、さァ、いよいよ……。

ハイ、ここで問題です。何が問題かって？　そう、コンドームをつけるタイミングが問題なんですね。

思い返してみれば、私がエッチな話を書く時って、コンドームをつける場面なんかスッ飛ばしてるもんね。というより、粘膜こすり合うのが好きな女ばかり出てくるの。だからフェラチオしてそのまま男を押し倒して、ズゴバゴ騎乗位しちゃう。気持ちよけりゃイイわけよ。

でも現実は、それじゃやっぱりマズイでしょう。もちろん避妊っていうこともあるけど、エイズって病気もあるしね。

そこまで考えちゃうと、勃起できなくなるあなたのために、もうちょっと軽い病気について考えてみましょう。つまり早く気がついて、すぐに病院に行けば完全に治る病気にかかった場合のこと。

その前に、性行為感染症（ＳＴＤ）の病名や症状を、あなたはどのぐらい知っている？

こういう病気って、自分が感染した覚えがあるか、友達で痛い思いをしたヤツがいるか、どっちかじゃないとピンとこないよね。感染してても自覚症状が軽いと、気づかなかったりするし。

クラミジア、カンジダ、トリコモナス、ヘルペス、梅毒、淋病……。私は医者じゃないから、医学的な症例や治療法については、別のページで知識をつけてもらうとして、ここでは感染しちゃった女のコの話を紹介したいと思います。

ダメよ、本を閉じちゃ。快楽を思う存分味わいたいなら、ちゃんと読んでね。

「俺はセックスしないからイイや」って、センズリこいてるあなたも、息子を愛しているなら絶対に読みなさい。

で、病気に感染した女のコの話だけど。彼女は、彼とセックスするまで、二年間誰とも寝てなかった。だから彼女にうつしたのは、一〇〇%彼なわけ。しかし彼には自覚症状がなくて、彼女の体調が悪いのが、自分のせいだなんて言われても、全く実感がなかったらしいの。

だけど感染する病気は、彼女だけが治療しても、彼とセックスを繰り返す限り治らない。それで二人で治療しようと、彼女は必死に説得したんだよね。もちろん別れることも考えたらしいけど、やっぱり彼が好きだったから。

痛みもない。痒《かゆ》くもない。どこがどう悪いって自覚がまるでない。それで病気と言われても、場所が場所なだけに病院に行くのは面倒臭い。気持ちはわかる。でも行けばスッキリすることなんだから、絶対に行かなきゃダメよ。

コンドームをつけるタイミングを考える前に、二人の体から病気を追い出そう。避妊のためなら、彼女だって協力するはず。そう、彼女につけてもらえばいいのよ。それもすっごくエッチだよ。

## 3Pのやり方〈基本編〉

気持ちいいことって、一人より二人で、二人より三人でと思ってるんですね、私は。でも性的快楽の場合、それは悪いことになっちゃうんだ。

なぜ悪いのか？　は、前回のコンドームをつける話で、既におわかりのことと思いますが。実行するかどうかは、あなたの良心に任せるとして、あえて今回は3Pについてお話ししたいと思います。

まず言っておきたいのは、3Pは乱交より難しい、関係を遊ぶゲームだってことです。乱交なら、抜けるのも入るのも気分しだい。覗きに徹することもできれば、バラバラにバラけて楽しむこともできる。もちろんひとつに合体して、誰が誰だかわからないダンゴ状態で、弄《まさぐ》り合うのも気持ちいい。

ペニスの挿入がなくたって、手をヘビのように伸ばし、湿った穴に滑り込ませたり、体に巻きつかせたり、触覚を研ぎ澄ませて男女の区別なく感じ合うことができますから。個人的なことを言わせていただくと、私はこれが一番好きなんですね。そう、3Pよりずっと好き。

別に3Pが嫌いというわけじゃありませんが、乱交に比べて3Pは、自意識を残しておかないと面白味に欠ける、かなりセンスのいるプレイなんです。だから素人さんにはすすめられない。それでも、「いっぺん試してみてェー!」というあなたは、試す前にこれを読んで、己れの技量をチェックしておきましょう。

では、まず男性一人に女性二人の場合。

二つのマンコを独占できるんだから、こんな極楽はないと思うでしょ。想像すると、快楽の底無し沼に落ちたみたいな、グチョグチョな気分に浸れちゃうもんね。

しかし現実は、どうやって二つのマンコを調達するか、初めの一歩で大きな壁にブチ当たる。私の経験から言うと、一番いいのは一度もセックスしてない女のコ二人を相手にすること。女二人が友達同士で、ゆきずりっぽくやるのが理想的。

でもね、ゆきずりで3Pなんて、そんな非常識なこと、フツーの女のコは絶対にやらないからね。ひっかかるのは、常識のないタイプ。世間知らずの女子高生とか、危ないことが大好きな危ないネエちゃんってことになる。

まァ、女子高生なら思いどおりに転がせるかもしれないけど。それって淫行ですから。了解のうえだろうが、実行したらあなたは即、犯罪者。快楽のツケはデカイってことです。

それじゃ危ないネエちゃんはどうかってーと、危ないだけに精力絶倫。そんなマンコを一度に二つやるとなると、これはあなたの体力をモロに問われることになります。二人に一発ずつ射精すりゃいいと思っちゃ甘いのよォ。二人に三発ずつやって、まだ精力ギンギンでなけりゃ。

しかしノリはいいから、きっとベロベロに楽しめるはず。女二人を調教してやるゾなんて力むより、やってる間にネエちゃん二人があなたを奪い合い、あなたはオモチャになって恍惚を貪《むさぼ》るって状況に持ってゆく方が、断然お得でっせ。

さて、そういうラッキーな出会いがあればいいですが、男性一人に女性二人の3Pというと、大抵は遊びのノリで付き合っている彼女、プラス彼女の女友達ってことになるんですね。

そして、実はこれが最高に難しい。

上手くいけば、マンネリを打破する特効薬にもなりますが、失敗すると、片方の女のコが、「こんなつもりじゃなかったのに!!」とビービー泣き出す羽目に陥る。始まってから泣くなんて、ルール違反としか思えませんが、そんなの屁のカッパにやれちゃうところが女なんですね。

そういうシラケた状態にならないためには、一本のペニスで二人の女のコを同時に満足させるという、まるで一本の棒で二枚の皿を回すような、染之助・染太郎も真っ青な、超ウルトラのテクニックを駆使しなければならないわけです。

その前に基本のテクニックを。まず右手と左手は、それぞれの女のコに振り分けて使うこと。それから、セックスしてない女のコには、必ずキスかクンニをしてあげること。もうひとつ、その女のコが、挿入している部分を愛撫したくなるようにもってゆくこと。そして……。

まだまだ話はこれからなんですが、続きはまた次回ということで、股間を熱く勃起させたまま、お待ちくださいませ。

## 3Pのやり方〈応用編〉

二つのマンコを思う存分堪能できる、男性一人に女性二人の3Pについては、前回の話でだいたいわかっていただけたと思います。ひとつ付け加えたいのは、やり終わった後、現実の世界にどうやれば上手に戻って来られるか。これがまた、非常に重要なポイントなんですね。

やり疲れて三人とも眠っちゃった場合は、誰よりも早く起きてシャワーを浴び、服に着替えて何もなかったようにタバコでも吸って、逸早《いちはや》く現実に戻っているのが一番です。もちろんビール片手に、眠る女たちを眺めているのもいいですが、後味をよくするためには腹八分目が肝心。

「こんなチャンス、二度とないだろうからもう一発だけ！」

なんて、しっくりはまった方の女のコを、そっと起こしてバスルームに連れ込み……というのは、確かにバリバリに勃起できて気持ちよさそうではありますが、絶対にやめておくべきです。

ベッドに残った女のコが目を覚ましたら、ムッとされるか、「アタシも！」と再びおっぱじまるか、どっちにせよ精液に血が滲《にじ》むような目に遭うこと、間違いありませんから。

そんなエンドレスな恐怖のセックス地獄に陥らないためにも、欲ばるのだけはやめて。それより、その後片方ずつ呼び出して、3Pを三角関係に発展させて楽しむ方が、より長く濃厚にエッチを味わえるってモンです。

とにかく3Pは〝魔がさした〟と思える程度の短い時間に、存分にやり尽くすこと。終わったら、何もなかったように場所を変え、お茶など飲んでサラリと別れるに限ります。

ところで、男性二人に女性一人の3Pはどうでしょうか。

例えば、ナンパした女のコにフェラチオさせながら、マンコに飢えてる男友達のところに電話して、「今やってんだけどさ、これから来いよォ」と、からかったり。もっと具体的には、男友達の使い古した女のコを、ちょっと回してもらったり。間接的になら、男性二人に女性一人の3Pの方が、男性一人に女性二人の3Pより、簡単に手に入ると思います。

しかし、本気でやるとなると、3Pじゃなくてレイプなんてことになりかねない。女を輪姦する性幻想が、ペニスに青筋立たせるのは、わからないでもありませんが、セックスは明るく楽しく気持ちよくをモットーに、美味しくいただきたいものです。

そこでお勧めしたいのが、独身最後の夜を迎えた男友達のために、ひと肌脱いでくれる女のコを誘っての、バチェラーパーティー。

スタッグ（雄鹿）パーティーとも呼ばれるこの集まりは、男たちだけで紳士的に過ごすこともあれば、オールナイトでバカ騒ぎすることもあり、楽しみ方は色々。これを3Pという形で、結婚式前夜の悪友のために、独身最後の女の食いおさめパーティーにしちゃうってのはオシャレでいい。口説かれる女のコだって、悪い気はしないはずです。

女のコの首に、プレゼントのリボンを巻いてチョーカーにして、二人で彼女にキスをしながら服を脱がせてゆく。どっちが先にセックスするか、フェラチオさせるかは、結婚する男友達に決定権があるわけで、そういう男の友情ってヤツが、プレゼント役の女のコの心を擽《くすぐ》るんですね。

で、グチョグチョにやり終えたら、必ず冷たい飲み物と気持ちいいシャワーを、女のコのために用意してあげること。そしてその夜は、誘ったあなたが朝までちゃんと、抱いて寝るなりして労《ねぎら》ってあげること。これを忘れちゃいけません。

言うまでもありませんが、「あいつ、今夜が独身最後の夜なんだ」と、嘘をついて女のコを口説くなんて、カッコ悪いことだけはやめましょうね。それと、毎回同じ女のコばかり誘うのも、超ダサイですからよしましょう。

そういうところさえきちんと押さえておけば、この3Pは、割とすんなり女のコに受け入れてもらえるシチュエーションだと思います。……ということで、こんな魔の時間を手に入れたなら、絶対にエッチにオシャレにカッコよく、楽しんでいただきたいと思うわけです。

# アナルセックスについて

今回は、より生殖から遠く離れた、快楽のためだけの行為。そう、アナルセックスについて、色々と思いを巡らせてみましょう。

古代ギリシャの壺絵には、男女の普通のセックス以外に、男女の、そして男同士の、アナルセックスの絵が描かれています。普通のセックスもアナルセックスも、描かれている体位は、騎乗位、後背位、座位……とバラエティーに富んでいて、とってもエッチで具体的。

例えば、今まさに勃起したペニスに腰を沈めん、という少年の姿や、フェラチオとアナルセックスで、グルングルンに渦を巻いてつながっているシーレーノス（醜い毛むくじゃらの怪物）たちやら、二人の男に、膣と肛門にペニスを突き立てられている女なんかの絵があるんですね。

この壺絵が作られたのが、紀元前五七〇〜四七〇年だから、プラトンの誕生以前に、すでにアナルセックスはズゴバゴに市民権を得ていたわけです。

妊娠の心配はないし、上手くできれば挿入する側もされる側もすっごく気持ちいいし、アナルセックスさえ覚えれば、結婚するまで処女でいられるものなのかもしれません。

そういえば、女同士のセックス自慢の一つに、「彼とアナルセックスしちゃったんだァ」というのがあります。これはフェラチオ体験より、相当ポイントが高い。この一言で、「おおーッ」と女友達を唸《うな》らせ、好奇心と羨望の的になることができるんです。

フェラチオじゃ、何の自慢にもなりません。SMっぽさは楽しめても、女がそれでイクわけじゃないし、排卵日あたりになると、「彼ってばフェラチオで終わっちゃうんだもん。頭きちゃう」などとブーたれる原因にもなりますから。

もちろんアナルセックスだって、「無理矢理入れられて、切れ痔になっちゃったよォ」と、情けない話題になることもあります。それでも一度試した女のコたちは、口を揃《そろ》えて肛門の愛撫に対して、「めくるめくような快感だった」と溜息をつくんですよね。

アナルセックスが、「チンポの先にウンコがつく危険を犯してまでも、やる価値のある気持ちいい行為」として、男性の脳裏に刷り込まれているとしたら、女のコには、「切れ痔になってまでも、やる価値のある気持ちいい行為」として、強烈に股間に刷り込まれちゃうのかもしれません。

エイズの登場で、危険な行為の烙印を押されてしまったアナルセックスですが、女のコたちは膣と唇と肛門と、色々使って飽きないセックスをして、彼との関係を長続きさせようと考えています。セックスのマンネリ化が原因で、相手をコロコロ替えるよりは、アナルセックスでお互いの性感を練りあげるほうが、確かに安全だし前向きですから。

しかし女のコたちの、そんな真剣な思いに浴びせ倒しを食らわすように、肛門の前には、大きな問題が立ち塞がっていました。言うまでもありません。そこを愛撫されたいのは、女ばかりじゃないってことです。

女性雑誌の悩み相談にも、「彼が、アナルセックスの愛撫ばかり求めてくるので困っています」という内容のものが、目立って増えてきています。「セックスより、フェラチオとアナルの愛撫の方がいいと言われた」とか、「彼に言われたとおり前立腺を刺激してあげたら、まだセックスしてないのに射精されてしまった」とか。

もちろんお互いに求め合える愛撫なら問題はありませんが、ベッドにゴロッとマグロになって、フェラチオやら肛門への愛撫をさせるだけじゃ、それはやっぱり違うってもんでしょう。気持ちいいことをしてもらったら、ちゃんとお返しをしなけりゃね。

「やだやだ、セックスなんて男にとっちゃ疲れるだけさ。今までずっとセックスで奉仕をしてきたんだから、こっちがマグロになったっていいじゃないか」

それなら一人でオナニーしてろッていうの。じゃなきゃアナルの性感マッサージの店に通いなさい。そうそう、ＳＭクラブでＭ男になって、バイブで苛《いじ》めてもらうという手もあるよ。とにかく赤ん坊になりたいなら、女のコを口説いてベッドに連れ込むのだけはやめましょうね。

## 理想のペニスについて

さァ〜て今回は、女のコにとって気になるモノ、そうペニスについて話をすすめていきましょう。

えッ、サイズの話かって？　そうね、それもあるけど……。でも、デカきゃいいってモンじゃないよね。ほら、巨乳が好きって男の人もいれば、ペチャパイがいいって男の人もいるでしょ。それと同じ。いや、好きになっちゃえば巨乳だろうがペチャパイだろうが、そんなことは二の次というのが恋愛の不思議なところだと思いますけど。

ただペニスの場合は、物理的な問題は避けられない。つまり女の側から言わせていただくと、デカすぎると痛いし、小さすぎるとナンデスカァ〜になっちゃうというのはあるのね。

たぶん男性の皆さまは、それを気にしていらっしゃるのでしょうが。でも、それも体位やらテクニック、あるいは彼女のコンディションしだいで、どうにでもなっちゃうんだ、実は。

じゃあ女のコは、一体どういうペニスに胸キュンとなり、どんなペニスを拒絶するのか？

それはね、ペニスそのものにではなくて、もっと目に見えない部分、それでいてペニスと密接に関わっているところに反応しているのよ。

「えーッ、目に見えないものを、どうやって自覚しろって言うんだよォ〜。難しいこと言うなよォ〜」

ハイハイ、難しいことなんか言いませんよ。まずは、友人M美の話を聞いてやってくださいませ。

「彼とは、もちろんセックスしてたのよ。でも私、彼のペニスをきちんと見たことがなかったの。そう、見せてくれなかったのよ。フェラチオもさせないなんて、何だか変だなァとは思っていたんだけど。それって、ひょっとしたら包茎じゃないかってね。だから、チラッと見えちゃった時に、私、『あッ』って声を出しちゃったんだ。あッやっぱり包茎だ！　って思ったわけ。別にイヤだったんじゃないのよ。やっと謎がとけて嬉しかったから、つい『あッ』って言っちゃったのね。それなのに彼ったら、すごく怖い顔して私を睨《にら》むんだもん。卑屈っていうのかしら。それからセックスするたびに、何だか彼が暗くなっちゃってさ。こっちも気を使うでしょ。で、結局別れちゃったんだ」

と、このように「彼がペニスを見せてくれない」＝「暗い」っていうんで別れた女のコが多いんですね。つまり包茎が嫌なんじゃなくて、それを意識しすぎて内向している彼が嫌なわけ。

　だって女のコにしてみれば、セックスの最中、無防備にオマンコを開いてるんですから。隠しようもなくて、形や色をどう思われているかなんて、そんなの彼にお任せ状態なわけですよね。片方がそうなのに、もう一方が隠そうなんて、そりゃ違うだろうってのは当然でしょ。

　それともう一つ、F子の話も聞いてあげて。

「彼って、自分のペニスがすごく自慢だったのね。今まで付き合った女のコたちに、大きいって驚かれた話とか、友達にギョッとされた話とか、セックスのたびに『俺と付き合えて、お前はラッキーだ』なんてバカみたいなことを言うわけ。最初は笑って聞いてあげてたけど、いい加減嫌になっちゃって、『私にはもったいない人だから』ってサヨナラしてやったわ。彼は茫然としてたけど。でも、きっと次の彼女に、そう言われたことをまた自慢するんでしょうね。もう羞恥心のないバカだけは御免こうむりたいわ」

　包茎で内向してしまうタイプとは対照的な、巨根自慢の男の話です。しかしこの手のタイプも、ペニスに対しての自意識過剰という点では同じ。そこが女のコたちの嫌悪の源なんですね。もっと自然にセックスできんのか！　というのが、彼女たちの共通した意見でした。

まァ、私の好みを言わせてもらえば、内向する間も自慢する間もなく、無邪気に性欲に突き動かされて、ペニスを弾ませてベッドに飛び込んでくるようなタイプの人が好きです。

もちろん自分の持ちモノが気になる気持ちはわかります。でもそれは、男も女も誰だって同じ。思春期のうちに悩んで、どうにかクリアすることじゃないでしょうか。何はともあれ過剰な自意識に犯されないで、楽しくセックスなさいませ。

## 成功率100%のナンパスポット

いやァ〜、最近セックスより、パチンコに夢中で困っちゃいます。入れることに頭がパッパラーな状態で、ハッと気がつきゃ財布の中はスッカラカン。「今日こそは出すぞッ」と張りきって来たのに、店を出る時にゃ気分はフニャ〜。

それでも、またすぐやりに行っちゃうんですからね。これって、悪い女とわかっていながら、射精させてもらえないセックスをしに行く、哀れなチンポみたいなモンでしょうかね。

というわけで、今回はイケないあなたに送る、出血大サービス、出します見せます尽くしますの、極楽昇天スペシャルでございます。

恋人はいるけど、彼女とセックスする気にゃイマイチなれない。だからって、女を買う金もないし、彼女と別れて他の女を探すのも面倒臭い。

そんなセックスレスな日々を、黙々とセンズリこいているとしたら、ああッ、なんてもったいないー。世の中には「愛なんかどうでもイイ！　今すぐオマンコしたいの、アタシ!!」という女がトグロを巻いているんですから。

そういう女と巡り会うために、一昔前にはテレクラが繁盛しました。でも電話一本で、やれる女と出会えるチャンスは滅多にない。だいたいバイトの女のコをやとって、テレホンセックスだけさせるのが、ああいう店のテなんですから。それにすっごく声が可愛いからって、女のコとは限らないし、声だけ可愛い髭《ひげ》ゴジラのオカマってこともありますから。

そんじゃ、一体どこに欲求不満のマンコがあるのか？

それはね、閉店間際のパチンコ屋……。そう、この間、ボロクソに負けて抜けガラみたいになってた私に、後ろから声をかけてきたアナタ、あの時私に連れの男がいなかったら、私はアナタのうしろについて、きっと店を出ていたわン。そいで、近くの公園で立ちマンしてた。

いやホントに、博打は我を失わせます。パチンコ屋には、きっと私みたいな、我を失った主婦やらひとり者の女がいっぱいいるはずです。

テレクラで、愛人探しをしてる欲の皮をツッ張らかした女の相手をするより、ホテルのバーラウンジで、ナンパされるのを気取って待っている女に声をかけるより、閉店間際のパチンコ屋で、空箱を見つめて茫然自失してる女の肩にそっと手を置くことを私はお勧めします。

弱りきった女の頬を、ペニスでぺちぺち叩いて、夜風に吹かれて折檻するようにマンコにザーメンをぶちまける。そして、「もう二度と負けちゃいけないよ」と、別れ間際、優しく抱き締めてやる。

もしその女が、すっごく気持ちいい体をしていたら、電話番号を教えるのを忘れちゃいけません。後日、恐いお兄さんから呼び出される危険もあるけど、何でもやり放題のマンコが手に入りますから。

で、例えばホームで待ち合わせて、知らない者同士のフリをして、混んだ車両に乗り込む。やるのはもちろん痴漢プレイです。

冬ならコートの中に女を包み込むようにして、夏は指先にメンソレータムを塗って、濡れたヒダを触りまくってやりましょう。普通じゃ味わえない、失禁するような恍惚に、女は腰をわななかせてイキまくること間違いありません。

他にもローターを膣に突っ込んだまま、映画館でロードショウを見るのもいいし、覗きの連中に見せびらかすように、浣腸つきの青姦をするのも刺激的です。

恋人に試したらブッ飛ばされるようなエッチの限りを尽くして、心ゆくまでセックスを楽しめる。それが、愛なんて必要ない、素敵な性の共犯関係なわけです。

しかし最初にも書きましたが、この関係は、まともな出会いではなかなか手に入りません。

女が弱って茫然自失している時、魔がさした一瞬を逃さずものにするのがポイントなんです。神のように慈悲をこめて女を誘惑し、悪魔のように残酷に快楽の沼に引きずり込む。そうやってオモチャの肉体を手に入れたら、それまでいろんなシガラミに、がんじがらめに縛られていた性欲が、歓喜の雄叫びを上げて爆発するでしょう。

勃起しまくるペニスに祝福を!

(女性に、特にフェミニストの方々に読まれないことを心から願う斎藤です)

そんとき アタシ達は 2人そろって ビンボーで
おー
ビール 買ってきた
それぞれ フロなしアパートに 住んでいたの
SEVEN 11
でもお金なんて なくっても アタシ達は 十分 楽しくって 缶ビールに ポテチで 夜じゅう 夢を 語り あってた♥
…そう…!!
彼さえいれば いいの!!
ああっ
愛さえ あれば お金なんて いらない!! エアコンだって オフロだって 何もかも!!
はあああ
…やっぱ欲しいかも…
べたり…
…マンコ 洗い たい…
んガー
ムーン
お金は ある程度は 持ってるにこした事はないと 知った、ある夏の夜……

# 第四章　セキララ妄読日記

# 亀と人との真面目な愛の物語

爬虫類のペットを飼うのが流行《はや》った時期があった。その後、立派に成長したペットたちが、色々な場所にゴロゴロ捨てられるという事件が続発した。

人と同じぐらいの巨大な頭のワニ亀が、他人《ひと》ん家《ち》の庭先に捨てられていたとか。上野動物園のゴミ箱に、二メートルもある大トカゲが生きたまま突っ込まれていたとか。石神井公園には、捨てワニが徘徊《はいかい》しているという噂話もあった。

『ジュラシック・パーク』じゃないけど、いつ何時草むらから、ガルルッと襲いかかってくるかわからない。うかうか青姦もやってられない。そんな復讐に怯えないですむよう、彼らとどう付き合えばいいか、爬虫類のペットを飼う前に、是非読んでおいてもらいたい本がある。

『呼べばくる亀——亀、心理学に出会う——』中村陽吉著（誠信書房刊）がそれだ。呼べばくる亀頭ではない。エッチは大好きな私だが、紹介するのは亀と人との真面目な愛の物語なのだ。

著者の中村陽吉氏は、心理学の先生。先生と運良く出会ったのは「カメちゃん」こと日本の陸亀。この二人、先生とカメちゃんは、マスコミにもかなり登場したようだから、覚えている人もいると思う。

表題のとおり、「カメちゃん」は呼べば来る。それだけじゃない。先生のお帰りを察知すると、ベランダの水槽から這《は》い出し、部屋に渡したハシゴを伝って座敷に上がり、居間を覗き、そこに先生がいなければ、ダイニングルームに出て、仕事部屋にえっさほいさとやってくる。

冗談みたいな話だけど、二十年も飼えば、そこまで懐《なつ》くものなのかもしれない。冬眠もせず、寒い日は先生の布団にもぐり込んで一緒に眠るってぐらいだから。

先生が仕事で忙しくしている時は、諦めてベランダに帰り、目が合って「カメちゃん」と呼ばれると、タタタッと駆け寄って片手を上げて挨拶する。依怙《いこ》地で自分本位な女の純情よりも、よっぽど「カメちゃん」の純情である。

そんなふうに、愛とはどんなものかを教えられる一冊でもあるのだ。

# セックスでお悩みの方へ

泣きたいほど仕事が辛くて、体は痛いし、食欲はないし、眠ろうと思ってもどうしても熟睡できない。

まァ、神経がズ太い私ですから、そんなことは滅多にございませんが。でも、たまにやってくる締め切り間際の不幸な日々に、ドリンク剤より何より効く優れものってーと、ノロケるようで恐縮ですが、男なんですね。

好きな男と久しぶりに会って、その間だけ仕事を忘れるの。で、バカみたいにイチャイチャすると、食欲はモリモリ、痛くてギシギシしてた体はフニャフニャ、そのまま布団にめり込む勢いでぐっすり眠れちゃう。翌日はスッキリと、「どうにでもなるさ」って気分で仕事に立ち向かえるんだ。

この場合、男が効くといっても、なにも必ずセックスするってわけじゃない。意味もない言葉遊びをしながら、ただイチャイチャする。子どもみたいにじゃれ合って、気がついたら幸せに眠ってるって感じ。

何でこんなことを書くかというと、アダルトビデオの巨匠、代々木忠氏の『プラトニック・アニマル――SEXの新しい快感基準――』(幻冬舎アウトロー文庫)を読んで、「そうだ、そうだ」と興奮しちゃったから。

男の人が、ヨヨチュウ氏の言うように、こんなふうに快楽を手に入れることができるんなら、レイプなんてこの世から消滅しちゃうし、セクハラなんて言葉もきっとなくなる。

気分が制度の世界からすっかり離れた状態で、男の人にメロメロに口説かれ、甘えられ、無防備になられちゃったら、女は拒絶なんかできないもの。うん、私だったらきっと開いちゃう。股間も心も、パーッとね。その方が楽だし気持ちイイし、絶対に幸せだから。

そんなわけで、セックスレス、早漏、インポ、短小、包茎で、お悩み？　でもそうでなくても、チャネリング・セックスを満喫して、プラトニック・アニマルになろう！　って一冊を、ハイどうぞ♡

# エロティックな海の世界

陰毛がそんなに見たいかッ、なら見ろ！　と思わずパンティーおろしたくなるほど、書店の写真集コーナーは女の裸に占領されてしまった。

そりゃ私だって女の裸は好きだ。ヌード写真集やらその手の雑誌は、人様に見せられないほど持っている。女の私がこれなんだから、男が見たいのは当たり前。売れて当然だし、売れるモノが棚を占めるのは仕方ないとも思う。

だが、ちょっと待て。私の大好きな海関係の写真集は、一体どこへ行っちまったんだよォ～!!

そりゃ都心の書店ならちゃんと置いてあるでしょうよ。でもね、私が住んでいる埼玉の片田舎はね、どこも流行ってる本しか置かないの。で、写真集の棚は、どの店覗いたって女の裸ばっかり。破れかけたビニール袋に包まれて、こっちをねっとり見つめる彼女たちが、あたしゃ恨めしいよ、全く。

　そんなわけで今回は、海の生物の写真集を紹介いたします。興味ないなんて言わないで。ピンク色のヒダヒダが、ぷるぷるぴろぴろしてる生き物がいたり、海の中って結構エッチなのよ。

　もしも彼女が水族館マニアだったら、女の裸を二人で見るよりも、こっちの写真集の方が百倍感じるはず。それにとってもロマンティックだし。

　まずは、彼女が「いやン、可愛いィ」と瞳を潤ませる一冊から。なんたって表紙が、こっちを向いて笑っているイルカのアップだもん。そう、オーデュボンソサエティブックの『海の野生動物』（旺文社刊）。

　暗い海に発光するクラゲの写真は、大人のオモチャのようでもあり、おしゃれなコンドームのようでもあり……。イソギンチャクのふにょふにょの触手やら、オオシャコガイの緑色の外套膜やら、ソフトコーラルの花びらみたいなポリプやら、どれもゾクゾクしちゃうほど美しくっていやらしい。

　しかも日本語で説明がついているからね。眠れない夜に、グラスを傾けながらページをめくれば、いつの間にかあなたは不思議な世界に迷い込む。

海ものの写真集は他にも色々あるけど、極めつきはクリストファ・ニューバートの『Within

a Rainbowed Sea』でしょう。これはレーガンが昭和天皇に贈ったんで有名な本。一枚一枚が芸術してるんだ。それも強烈にエロティックにね。

だがこの二冊は高い。死ぬ気で買ったと男が泣いてたのを覚えている。プレゼントされた私は、ホント幸せ者よ。

# 猫好きにもお勧めの犬の本

私は犬が嫌いだ。人を犬派と猫派に分けるとしたら、私は絶対に猫派である。

子どもの頃、近所で飼われていたスピッツに、おケツを噛まれそうになったのがトラウマかもしれん。だが、パグ犬に股間を舐められて、大変気持ちのいい思いをしたこともある。それでも犬嫌いは変わらなかった。

小さくて臆病者の裸犬チワワなどは、見ているだけで寒気がする。人を見たらすぐチンポを剝き出して、短い足で抱きついてくるダックスフントなどお話にならん。頭のいい犬で有名なゴールデン・リトリバーだって、ヌッとした動作がとっても怖くて嫌なんだから。

そういえば、知り合いの家に久しぶりに遊びに行った時のことだ。リビングのソファでくつろいでいた私は、いきなり白いでっかい犬に飛びかかられ押し倒された。あの時は、ハッハッハッとねばっこい息をする犬に組み敷かれ、ベロベロに顔を舐め回されて、ホントに心臓が止まるかと思った。

「ごめんなさいね。この子、ここへ来た時は、とっても小さくて、てっきりマルチーズの雑種だと思ったのよ。それがね、牧羊犬だったのね。子犬の頃から家の中で飼っていたから、もう外にいてくれないのよ」

羊を追い回すでっかい犬を、そんな狭い部屋で飼うな！　本当にもう、犬なんか大っ嫌いだ。

そのはずなのだが、どうも男だけは、猫っぽいタイプより犬っぽいタイプとご縁があるらしい。勤め人と付き合ったことが滅多にないので、結婚して家庭をもっていて子どももいるというほど飼い犬っぽい男とは縁がないけど……。しかし付き合ったどの男も、のら犬的な胡散《うさん》臭さと情けなさは漂わせていた。

まァ、男は猫より犬っぽい方がいいよなァ。セックスだって、犬が獲物の喉笛に食らいつく勢いでしていただきたいしね。

だいたい猫っぽいのは、女友達だけで十分だから。勝手気ままで優雅で冷たくて、抱き締めたいと思っても、スルリと体をかわされちゃう。で、しつこく手を出せば、ピッと引っかかれる。

それやって許されるのは女だけ。男はでっかい犬みたいなのに限る。

というわけで、今回おすすめする本は、丸山健二著『夜、でっかい犬が笑う』（文春文庫）。これはでっかい犬を次々と飼う話で、別に男と女の話じゃない。でも、恋愛話なんかノッ飛ぶ面白さなんだ。こんな犬嫌いの私でも、一瞬でっかい犬が欲しくなったもん。

生まれてから今日まで、ナイフでやられた経験は何度かある。最初に肌にザックリきた感触は、「私の体って、肉でできてるはずなのに、案外硬いんだなァ……」というものだった。それから、真皮をシャクシャク切る音には、やはり何つーかその、「やッ、やめてェ〜！」と叫んじゃう気持ちの悪さがあった。

もちろん、切られたからには縫い合わされた経験もある。針がブツッと肌を貫く痛さは、七転八倒というより身を捩《よじ》りたくなるような、痙攣《けいれん》を起こしたまま悶死しそうな、生殺しという言葉がピタッとくる痛みであった。

で、今回は、腹や肩の肉を噛み千切ったり、太股をナイフで削《そ》ぎ落としたり、人の体を切り刻んだりするシーンがいっぱいの、かなりゾクゾクする本を紹介しちゃう。それも、やる側は女なんだよォ。なんかウキウキしちゃうわ……って、そんなマゾのレズビアン女は私だけでしょうか。

まず一つめは、P・コーンウェルの検屍官シリーズ。『検屍官』『証拠死体』『遺留品』、それから『真犯人』『死体農場』『私刑』『死因』『接触』『業火』『警告』が出ている（いずれも講談社文庫）。

主人公のケイ・スカーペッタは、毎回事件に巻き込まれながら、惨殺された遺体を解剖して死因を突き止め、事件の解決に一役かう。

まッ、相手は死体だし、切り刻むのが彼女の仕事だから、それほどサディズムの香りはしない……と思うでしょう。ところが、彼女の誠実さと超真面目な性格が、マゾヒストのハートを鷲摑みにするのでございますよ。騙されたと思って読んでごらんあそばせ。

それからもう一冊。これは本当に、目眩がするほど感じちゃう本よ。そう、女好きな女たちの間では、黒光りするほど読み込まれているであろうオナニー本。デイヴィッド・リンジーの『悪魔が目をとじるまで上・下』（新潮文庫）がそれ。タイトルも素敵だし……。

手足を縛られた死体は、念入りに化粧がほどこされ、全身に嚙み痕がつけられている。しかもなんと両目の瞼《まぶた》が切り取られてるのォ！　こッ、こッ、こわいィ!!　レズビアンとSMと死と愛が、こんなにグチャグチャに絡んで展開する小説なんて、今まで読んだことなかった。それを男が書いてるんだから、もーニクイニクイニクイ！

あッ、ところで私が体を切られたのは、もちろん手術での話です。他人の男を寝取って、後ろからザックリやられた経験は、まだございませんデス。

## ひとつの顔で遊ぶ面白さ

ちくま文庫は偉いと思う。どこがというと、私が読みたいと思っていた本を、次々に文庫にしてくれるからだ。

でもね、南伸坊の『笑う写真』はいけない。これだけは、元の本（ソフトカバーの単行本サイズで、太田出版から出ている）で読まなきゃ。なぜなら、文庫の大きさだと、せっかくの写真がよくわからないからだ。

例えば、南伸坊が片桐はいりの顔真似をしている全身写真がある。そこには、他人の空似を超越した、同じ顔の人物が今まさに外に出んとドアを押して一歩踏み出している、そっくり写真が並んでいる。

読んでるこっちは、別人の同じ顔に仰天するわけだが、これが文庫のサイズだと、南伸坊の目鼻が片桐はいり風に移動していることに気づかない。どちらも片桐はいりに見えてしまうのだ。

しかし、手のひらサイズの本の魅力というのもある。パラパラとめくってわかるが、この本にはあまりにエッチな写真が多い。女のコじゃなくても、人前で開いて読むには勇気がいる。

例えば丸くカットされた尻のアップの写真。そんなのが一ページに何枚も並んでいる。それを見て思わず股間に熱い疼《うず》きを感じたアナタ、文庫本なら書店だろうが電車の中だろうが、即座にズボンのポケットに手を突っ込んでオナニーできると思うだろう。

だがちょっと待て！　よく見てほしい。左側の尻一列は確かに女の尻だが、右に並んだ写真は、曲げた指のシワを丸い穴から覗いたヤツだ。文庫の大きさじゃ尻だか指だかわからない。何が悲しゅーて、指のシワを見て一発抜かにゃならんのかッ!!

ここでは、曲げた人差し指と尻との相似性が語られている。右の指と左の尻は同一人物のモノ。つまりこれは、「パンツを脱がさなくとも相手の尻の形を見ることができる」証明写真なのだ。だから指のシワでイッたアナタは、それを裏付けたことになる。が、何だか損した気分になりはしないか？

後半の〝ズサンな写真〟〝アイドル写真の撮り方〟〝似せ顔写真〟では、あのおむすび顔で、聖徳太子になり、チョチョリーナになり、小谷実可子になり、金賢姫《キム・ヒョンヒ》と蜂谷真一になり、果ては紀子さまと紀子さまのお父さまになりきっている。

ひとつの顔でこんなに遊べるとは！　読み終わったとたん、部屋の中を掻き回し、白動シャッターの前でかぶりモノに挑戦したのは私だけではあるまい。

# 使い方に工夫が必要な本

いやー、久しぶりに思いっき〜りオナニーした!!

このところ仕事が雪崩のように私を襲って、オナニーするのも忘れてたんですね。そんな時、某出版社からの依頼で、本の感想をコメントすることになって……。で、読んだのが、『ジョアンナの愛し方』。

これは抜けるわよォ。抜けるっていっても、女だけかもしれないけど。

もちろん東京の住環境じゃ、無理って項目もある。「ベランダに出てブランコでセックス」なんて、だいたい一軒家に住んでる独身がどこにいるってのよ!?

いや、一軒家に住んで、庭先にベランダがあって、ブランコまでついていたって、お隣さんの家が、手を伸ばせば届く位置に迫ってる。そんな長屋同然の、隙間みたいな庭でセックスして声なんかあげたら、ネコの交尾と間違われて水をぶっかけられちゃうわよ。

それより私のお勧めは、シートをかぶせた車の中で、楽しむセックス。それも白昼堂々がいい。

歯が抜けたみたいに、空き地がそこら中にあるでしょ。住宅地の中にある、そういう駐車場は、昼間は子どもも遊びに来ない静けさだからね。シートをめくられる心配もなく、車をユッサユッサ揺らす激しさで楽しめる。これこそバブルが弾けた後の、今の日本だからできる技よ。

それと、私がオナニーに使ったのは、男性の局部の愛し方の項目。アソコに舌を突っ込み、指でアソコを撫でまわして……っていう、忘れていた男との、淫《みだ》らなセックスを思い出しちゃったの。例えば、必ず唇でコンドームつけてあげた彼とのこと。今なら、チョコ味だとかイチゴ味のコンドームがあるからいいけど、あの時はゴム味に泣いたっけ……。まッ、そんなふうに記憶を反芻《はんすう》しているうちに、指が自然と股間に伸びちゃって、もうジュルジュル。

それから、「マウスウォッシュしてフェラチオ」なんて、チゲ食べてフェラチオするよりピリピリしそうなテクニックも載ってるしね。「フェラチオしながらハミング」も、ディープスロートして演歌を唸《うな》れば、きっと気持ちいいって気がするし。

彼女がこれを持ってたら、天にも昇る気持ちよさを味わうか、尻の毛まで抜かれるほど精を絞られるか。とにかく二人のセックスがマンネリしてたら、買う価値がある一冊。でも使いすぎには、要注意だわね。

# 暴力なのか愛なのか

私のいるボロアパートの前の公園には、天気のいい日は朝から、幼い子どもを連れた母親たちが、日向《ひなた》と仲間を求めてゾロゾロやって来る。で、いつも子どもたちのキャーキャー騒ぐ声に安眠を妨げられるわけだが（デジタル音の目覚しなんかで起こされるより、そっちの方が断然イイと思っているんだけど）、つい先日のこと、とんでもないシーンを目撃してしまった。

寝ぼけ眼《まなこ》でカーテンを引きガラス戸を開け、フラフラとベランダに出た私は、目の前の路地で女の子の髪を毟《むし》りつかんで振り回している母親らしき若い女の姿を発見したのだ。

四歳くらいのその女の子は、補助輪のついた自転車に乗っていた。必死にペダルをこぎこぎ、どんな悪いことをしてドつかれているのか、髪を引っ張られては「ごめんなさい、ごめんなさい」と泣き続けている。

しかし母親は許さない。大声で罵詈雑言を浴びせながら、平手で娘の頬に往復ビンタを食らわせる。それも一発や二発じゃない。モグラ叩きの凄まじさでボコボコやっていた。

路地を挟んですぐ向こうには、和やかないつもの公園が見える。キャーキャー駆け回る子どもたちと、それを見守る優しげな母親たちの姿がある。同じ母子なのに、まるで天国と地獄の差だ。女の子は、きっと一刻も早く天国に飛び込んで行きたかったろう。だが若い母親は、公園に入っても、怒鳴るのをやめない。

フーッ、と思わずため息が出ちゃう。でもね、こんな光景を見るのは初めてじゃないの。いつだったか、夜中、猫の鳴き声みたいな哀れな声にベランダに出てみたら、太った母親に腕を引きずられて、小さな女の子が泣きながら歩いていたんだ。

背中をドつかれて、女の子はペタッと地面に手をついて転ぶ。その襟首をつかみ上げると、母親は怒鳴り散らしてはまた殴る。人気のない夜の公園で、それは不気味に残忍な儀式のように私には見えた。

止めに入ろうかとも思ったけど、あの時、私の頭の中では、「幼児虐待」と「愛の鞭」という言葉がグルングルン輪になって踊っていたんだ。他人の中途半端な忠告が、状況をもっと悪くすることだってある。私はそれを身をもって体験しているからな。

そんなことを思い浮かべ、手元にあった本を開く。六歳で殺人を犯し、次々と人を殺し続ける少女の物語だ。扶桑社から出ているミステリー『悪い種子《たね》が芽ばえる時』、この小説の主人公ザニーだったら、こういう母親は、ドブ川に沈められるか、公園の桜の木に吊されるかに決まっている。

それから、早川書房の『FBI心理分析官』も子どもを殴る母親たちに読ませたい。こっちは本物の連続殺人犯たちの話。殴っている相手が娘じゃなくて息子だったら、いずれ金属バットで脳天カチ割られるぞ。

## 夫の不可解な行動

ご飯を食べながらぼんやりテレビを見ていたら、ニュースの終わりの方で万引き男（五十五歳）の話をやっていた。

「……大胆にも男は、店員に品物を出させては、隙をみてそれを持ち帰っていた……」ということで、体育館みたいなだだっぴろい場所に、万引きしたブツが次々と並べられていく。

グッチのバッグやら何やら、ビニール袋にくるまれた小物がポンポン出てくるまでは、「よくある話じゃん」と思って見ていたが、カメラがパンして、いきなり洗濯機がアップになったときにゃのけ反った。

さすがにプロである。服の中に隠せるような小物を狙う主婦や女子高生とはスケールが違う。洗濯機だけじゃない。大型テレビだの何だの、「あんな重い物、どうやって万引きしたんじゃ!!」ってモンが、誇らしげに並べられているではないか！

とどめを刺したのは、一緒に暮らしているであろう妻が、男のことを「買い物好きな人だと思っていた」という点だ。

「とぼけたことぬかしやがってッ」

とは思うが、確かに「盗み」ではなく「万引き」だもんなァ。夕方お父さんが大きな荷物を提げて、「おい、タエコ（仮名）、おまえのために新しいテレビを買ってきてやったぞ」なんて明るく言ったら、そりゃまあ、「あなた、テレビならこの間、新しいのを買ってきたばかりじゃありませんか」って会話が、痴話喧嘩っぽく結構イチャイチャ成り立ってしまう気もする。

「買ったその分の金は、一体どうなってるんだよッ」とも思うが、言いわけなんかいくらでもできる。

「こんな立派なテレビが、半値以下で売りに出されていたんだぞ」とか何とか言えば、妻はきっと、「あら、それはトクしたわね」ですんじゃうだろう。テレビ代は夫の小遣いに変身するわけだ。

しかし、万引きした商品は段ボール箱に入ったままのものが多かった。新しいテレビが何台もあれば、「それじゃ前に買ってきたテレビ、まだ使ってないし、今度のフリーマーケットに出そうかしら」ぐらいの話にはなったと思う。夫は慌てて、「いや、そんなところで売るより、もっと高く買い取ってくれる場所がある。勝手に売るのは許さん」と抵抗したに違いない。

万引きの品を売って足がつくのを恐れたともいえるが、やっぱりあれだけの仕事を「やった！」自負を、毎日ブツを眺めることで味わいたかったんだろう。買ってきたものを、使いもせず売りもしなければ、「買い物好きな人」と妻が思うのも当然だ。

買い物好きといえば、さくらももこの『神のちから』の二番目の話、「おっとのむだづかいの巻」の夫はスゴイ!! あれを読むと、夫の万引きくらいナ〜ンダって気になる。

## 都会でひとりで暮らすということ

「ひょっとしたら一生、ひとり暮らしかもしれない……」と思う。そう思う以前に、「人は何で結婚するんだろう……」と悩んだ時期があった。家族と暮らすのも息苦しかった子どもの頃、赤の他人、しかも異性と、「そのうち生活を共にしなければならない！」なんて、想像を絶することであった。

ウブだったから、男が嫌いだったから、というわけじゃない。逆だ。男という性が好きで好きでしょうがなかった。暇さえあればとっ替えひっ替えセックスしていた。つまりあの頃は、結婚してひとりの男に決めたフリをしなきゃいけない不自由さがイヤだったのだ。

今は、ひとりの男とだけセックスするということに、何の不自由も感じない。だが、結婚する気にはならない。まァ、自分ひとりなら寝起きするスペースもとらないし、どうにか食べていける。それにちょっと寂しいぐらいが謙虚に生活できて、身軽な分、思いつきで行動できるし、根っから協調性のない私には、今の状態が精神的にもいいように思える。

そんなふうに、「結婚しなくてもイイのかもしれない！」と、悩みから解放されたとたん、なぜか「一生ひとり暮らしかもしれない……」という後ろめたい気分に陥ったんであった。

同い年の女たちは、子育てに付随するお付き合いやら、姑の嫁いびりやらで、胃袋が千切れるような辛い思いをしている。その状況を聞かされるたびに、昔、恋の悩みを打ち明けられて、「そんなイヤな男なら、別れちゃえばいいのに」と答え、「あんたって無神経ね!!」と、いきなり絶交を言い渡された時のことを思い出す。

今は聞き役に徹しているが、実はあの時と同様、なぜそこまで彼女たちがガンバルのか、よくわからない。で、そんなガンバレない自分の体質を、なんとなく後ろめたく感じてしまう。そんな時に手に取ったのが、津野海太郎の『歩くひとりもの』（思想の科学社）だった。まず帯の、「ひとりものの部屋はなにに似ているか？　棺桶に似ていると私は思う。」という部分を読んで、嬉しくなってしまった。

自分以外誰もいない、音のしない部屋で、何もせずに過ごすのを〝死体術〟と思えば、かっぽの生活もまんざらではない。「主義じゃなくて習慣としてのひとりもの」の自分を、穏やかに過ごすことがこの本には書かれている。

私の周囲では、夫に先立たれた老女たちがこれを大事に回し読みしている。

# マンコ舐める勢いで読んだ

あれは私が、まだバリバリやりたい放題の二十歳の頃、いつもどおり昼間っから、新宿裏通りを熱い股間を抱えてミニスカートの裾なびかせて、チンポないけどブラブラしてると、ちょっとコイコイと男に腕をつかまれた。萎《しな》びた連れ込み宿に縺《もつ》れるように体合わせて飛び込めば、金歯ギラギラのおばちゃん黙ってニヤニヤ男の手から金を毟り取る。ああん、もう、そんなに焦ってラビアビラビラしないでちょーだい、チンチンムリクリ突っ込まないでちょーだい、あハ〜ん、いヒ〜ん、うフ〜ん……と、シャワーも浴びずに入れポン出しポンしてるその間、キヤノンF1 50ミリマクロレンズのシャッター音が雨霰《あられ》と私を抉《えぐ》る。まさかあの時のあの男が、あの天才アラーキーだったとは……。

なんてことを期待したら大間違いで、二十歳のその頃、私は結核を発病し隔離病棟に放り込まれ、喀血した挙句に今にも死にそうな婆さんと死亡室で生きるか死ぬかしておりました。

セックスもろくにやってない、若い身空で人生終わりだなんて冗談じゃないと、寝汗脂汗冷汗まみれになって日夜ベチョベチョに濡れて喘《あえ》いでいたのでした。

当然、天才アラーキーのシャッターの洗礼など受ける余裕もなく体でもなく、それどころか荒木経惟《のぶよし》という人を、まるで知らなかったんですね、スンマセン。

そんな人生最大のピンチの時、病室に一冊の本が送られてきたのでした。本のタイトルは、『男と女の間には写真機がある』（太田出版）。

それは荒木経惟さまの幻の名著でした。チンポをしゃぶる勢いで読む私は、イミテーションパールの首飾りを勃起した亀息子にぐるぐる巻きつけベチョベチョデカマンに突っ込むってとこを何度も何度も読み返し、突然、股間の蓋がバボーンッとブッ飛んだのでございます。死んでもいいからとにかくやりてぇッ!!　箸も握れないほど体力落ちていたはずが、この本を読み読みオナニーぶっこいてるうちに、いつの間にやら元気はつらつの大バカヤローに戻っていたのでした。めでたしめでたし。

ということで、命の大恩人、荒木経惟さまのおかげで現役復帰したわけですが、ご恩も忘れ写真集なども拝見せずに、踊る阿呆に見る阿呆、同じ阿呆ならってんでセックス書くよりゃやんなきゃソンソンの日々を送っておりました。

と、ある日、某SM雑誌に知り合いが載っているじゃありませんか、それも股間にバイブを咥《くわ》えて。私の知ってる少年みたいな女のコが、大人の女になって身も世もなくしどけなく横たわっている。カメラマンは荒木経惟。彼女の目線はちゃんと演歌してる。写真とは男心の未練なのだと感じさせてる。

思わず私は本屋に駆け込み、ずっと昔に読んだあの本を買い、もう一度マンコを舐める勢いで読んだのでした。そしてわかったのは、人生最大のピンチの時に体力を呼び覚ましてくれたこの本があったから、私は今こうして文字を並べて遊ぶ楽しさを覚えるに至ったのだ。つまり、嘘を書こうが本当を書こうが、他人を書こうが恋人を書こうが、表現するってのは自分自身をさらけ出すんだってことを、私はこの一冊で熟知したのでした。ページをパラパラめくって陽子さんの微笑む写真を見ながら、何だかもう切なくて切なくて涙汁鼻汁滴《したた》らせて天才アラーキーに心から感謝するのであります。

## So Kinky, So Tough

ニフウ……と読んでしまうかもしれない、それぐらい永井荷風を知らない私が、何を書けばよろしいのでしょうか。頭を抱えて本屋に走った。だが近所の小さな本屋にゃ一冊もない。しょうがないから本を腐るほど持っている友達の本棚を覗き込んだ。と、見つけました。「荷風のばあい性的人間としての終末感が、作家としての終局に通じる一過性であったことはほとんど象徴的である」という一節を（『わが荷風』野口富士夫より）。

そうか、性的人間だったのか、荷風という作家は!!　その頃私のところには、編集部から『四畳半襖の下張』と『ぬれずろ草紙』のコピーが送られてきていた。『四畳半〜』は野坂昭如が書いたとばかり思っていたから、もうびっくり。もちろんどんな内容なのかも知らない。ただ裁判になったってことだけは聞いたことがあるけど。すみません無知で。

そんなわけで、『あめりか物語』や『ふらんす物語』『深川の唄』など代表作どころか、

『断腸亭日乗』『腕くらべ』『おかめ笹』も読んでいない、そのくせ「永井荷風、はいはい、知ってます知ってます。書きます書きます」と原稿依頼を受けてしまった。そのことを、今ここで深く反省しお詫びいたします。

さて許していただいたところで一言、荷風の一部の作品から受けた印象を言わせてもらえれば、このオッサン、よっぽど変わっていたに違いないってことだ。しかも変わってるくせに『四畳半〜』にあるように、男性にとっての究極のセックスを、きっちりと正確に書き込めるしつこさと観察眼をもっている。

女同士、セックスの話になると例えば、

「早漏の男ほど、頭きちゃうのってないよね」

「一日に本数こなさなきゃならない時とか、援助交際の相手だったら楽チンでイイけどね」

「バカッ、惚れた男が早漏だったらって話よ」

「でも遅漏も困るよ。一度イッちゃうと、女の体って気持ちイイっていうより、痛いってふうになるじゃない。痺れちゃって、もうやめてって思って喘いでいるのに、いつまでもさァ」

じゃあ、どんな時にどんなセックスをしてくれる男がイイのか？　その答えが『四畳半〜』に全問正解という感じで描かれている。つまり非日常のセックスこそが、女をグウの音も出ないほどガタガタにしてしまえる男こそが、素敵だってことだ。しかし裏を返せば、日常に追われる馴れた相手とのセックスでは、まるで話が違うってことでもある。

なぜ荷風は独り身だったのか。彼は、彼が思い描くようなセックスができる男じゃなかったから、たぶんあまりにも客観的なオナニストだったから、日常を共有する女からは愛想を尽かされたんだろう。プライドが高くて偏屈な彼は、自己の性幻想と現実との落差に打ちのめされて所帯をもてなかった……これはあくまでも私の勝手な憶測。

でもね、確かに生殖から逸《そ》れちゃったセックスに、快楽が得られなくて何の意味があるっていうのか。それは結婚していようがいまいが関係ない。セックスレスのド壺に嵌《け》まったカップルには、是非再読してもらいたい『四畳半襖の下張』。

そして、「こんなこと書いていいのかよォ」と度肝を抜かれた『ぬれずろ草紙』。敗戦の年、二十歳になりたての私の母も、米兵に追っかけられて怖い思いをしたことがある。沖縄での駐留米兵による少女輪姦事件のことやら、夜の六本木でガイジンの腕にぶら下がる女のコたちの姿やら、バンコクやバリ島に男のコを買いに行く若い女の噂やら……。『ぬれずろ～』を読んで、欲情することとレイプされることとの天国と地獄ほどの違いに、いや薄皮一枚の違いかもしれないそのことに、ヒリヒリするほど思いを巡らせてしまった。

この二編は春本、つまりポルノであるらしい。そのせいか、岩波版荷風全集には未収録とのこと。『四畳半〜』は最高裁で有罪となった分、高い評価を得たようだが、『ぬれずろ〜』の方は、女の一人称、しかも丸出しの性欲と露骨な性描写が祟ってか評価は低い。

それじゃあ、両親のために十六歳で妾奉公に出され、十八には子どもを捨てて再び遊郭に身を売る憂き目に遭う『夢の女』はどうか？　銀座のカフェの女給を描いた『つゆのあとさき』はどうか？

こちらの二編は荷風の洋行前と後の、戦前の作品として、それぞれにきちんと評価されている。確かに女の不幸な身の上といい、その状況にすっかり馴れてしまう愚かしさといい、しかも逞《たくま》しく生きてゆく健気《けなげ》さも加わって、『夢の〜』のお浪も『つゆの〜』の君江も、男にとっては情をかけてやりたくなる、愛しいタイプの女に仕上がっている。

私も男に生まれていたら、こういう女たちとしっぽり関係してみたい。少なくとも彼女たちは、『ぬれずろ〜』の発情する未亡人絹子ほど猛々《たけだけ》しく怖い女じゃない。行きずりの男に都合がいいように、適度に従順で優しく、それなりに品もあるように描かれている。

もちろんこの二編とも、当時の風情や彼女たちに魅《ひ》かれる男たちの心理描写など、主人公の設定以上に荷風の描く世界が読者を魅了しているとも思う。

『ぬれずろ〜』にはそういった繊細さはない。未亡人絹子の性欲に充血した下半身を、理性や情や常識を蹴散らして、米兵たちの目を見張る巨根でズタボロにさせてしまったり、夫の目の前で盗賊に犯させてみたり。エロスより不快感を感じる読者も多いだろう。しかもそれでいて最後まで、お天道様に照らされて闊歩する女に絹子を描いている。

でもそこが、七十歳になってもまだ性を直視し続ける荷風の凄さだと思うのだけれど。それって、日常的なセックスができない私の独りよがりなんでしょうか……。

# 五感で味わう物語《ストーリー》

夢の中の出来事のように唐突に話は展開し、読み進むにつれ理屈に合わない奇妙な感覚と、心地よい情景にどっぷり身を委《ゆだ》ねることになる。

初めて川上弘美の作品『蛇を踏む』を読んだ時、あまりにさらりとその世界に引きずり込まれ、私は慌てた……はずだった。しかし描かれている情景すべてが、リアルに体に染み込み、『消える』も『惜夜記』も、慌てる間もなく気がついたら最後まで一気に読み干していた。

その後、友人に感想を聞かれ、ストーリーを思い出せないことに焦ってしまう。『蛇を踏む』の主人公は、仕事先に向かう道すがら藪《やぶ》の中で蛇を踏む。その時の足の裏に伝わる柔らかな感触なら、経験したかのように私は友人に話すことができる。女に変身した蛇が、「もう寝るわ」と言うや蛇に戻り、柱をするするとのぼって天井に張りつく様も、まるで覗き見たリアルさで思い出せる。

なのにどんな結末だったのか、夢を思い出せないように、物語がどうなったのか、断片的にしか覚えていない。友人には、読めばわかるとしか答えられなかった。とんでもなく変な答えだ。

だが、読むとは、その場に居合わせる行為だと、『溺レる』を読んで思い知らされる。〈飴玉が口からころがり出てしまうように、「アイシテルンデス」と言ってしまった〉ことも、〈アイヨクにオボレた末のミチユキ〉も、経験していないくせに「わかるわかる」と、終わった恋を懐かしむ調子で読んだからだ。空間、時間、関係の距離までもが自在に伸び縮みし、同じ体験をした気分に浸った。

例えば、具体的な性の描写はないのに、読んでいるうちに五感に染み込んだ記憶が立ち上がり、「アイシテルンデス」と口走ってみたくなる。「痛いか、それは可哀相だ」と言われながら、痛くされてみたくなる。そんな関係がほしくなるのだ。

さすがに〈執念《しゅうね》き仲ゆえ不死になった〉五百年以上も連れ添った関係というのを想像するのは難しい。だが、「俺はできないから、一人で、してみてほしい」と男に言われて、百年ぶりに粛々《しゅくしゅく》とオナニーしてみせる女の情の深さ、優しさには憧れる。男を膝枕して鼻毛を切るという行為も、胸にグッとくるほど心底羨《うらや》ましく思えてしまう。

物語がどう展開し、どんな結末を迎えるのか、そんなことはどうでもいいのだ。連なる言葉を五感に浴びて、その場その場の登場人物たちの息づかいに己を重ねて情感を楽しめば。

後日、昼間に五反田を歩いていたら、サラリーマン風の男性に「デートシマセンカ」と声をかけられた。きっと『溺レる』を読んでいたおかげだと思う。

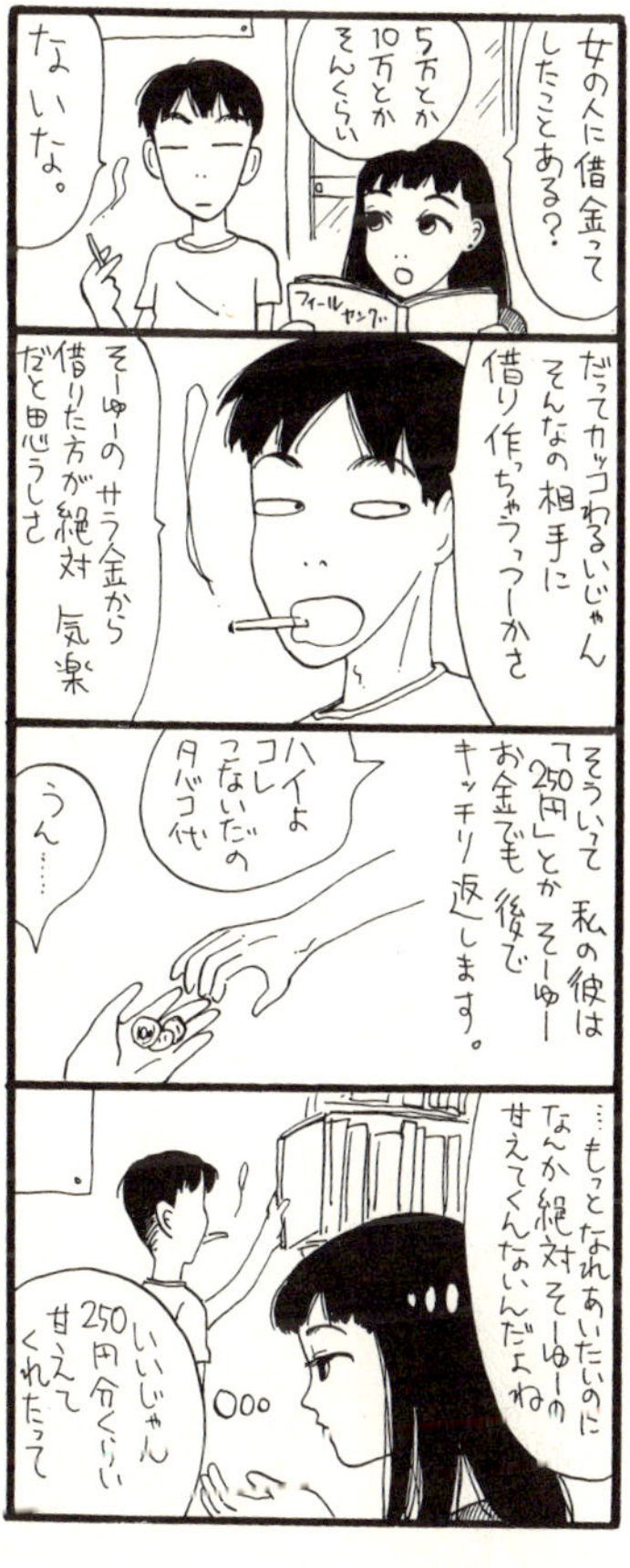
女の人に借金ってしたことある？
5万とか10万とかそんくらい
フィールヤング
ないな。
だってカッコわるいじゃんそんなの相手に借り作っちゃうっつーかさ
そーゆーのサラ金から借りた方が絶対気楽だと思うしさ
そういって私の彼は「250円」とかそーゆーお金でも後でキッチリ返します。
ハイよコレこないだのタバコ代
うん……
…もっとなれあいたいのになんか絶対そーゆーの甘えてくんないんだよね
いいじゃん250円分くらい甘えてくれたって

# 第五章　いつでもどこでも相談室

## Q 浮気と本気のちがいって何なのでしょうか。

十カ月ぐらいまえから、同僚に紹介された今の彼と付き合っていますが、初めて喧嘩をして落ち込んでいます。彼は有名な商社に勤めていて海外にもよく出張に行きます。お互い忙しい二人ですが、短くても時間を作ってなるべく会うようにしてきました。でも彼、浮気していたのです。出張と嘘をついて、他の女と遊んでいたのです。彼はその女とは本気じゃないと言いはりますが、そんなの全然納得できません。

## A

私の場合、たとえ喧嘩することがあっても別れないで付き合い続けるというのが、本気になるということです。

それじゃ浮気はといえば、ズバリ楽しい時間だけを共有すること。手料理を作ったり彼の部屋を掃除するとしても、それは自分の「女らしさ」を満喫するためにやっているんで、本気になった証拠ではありません。だから彼が「男らしさ」を披露して、プレゼントやテクニックの限りを尽くしたセックスで私を喜ばせてくれる間だけの、期間限定の関係ともいえます。

つまり家事やフェラチオといった男性を喜ばす行為を、「女ならやって当たり前」と、彼が言い出したとたん、或いは、どちらかが飽きたら、浮気は終わります。絶対に「別れない!!」と粘ったりはしません。代わりの「男らしい」相手を捜す方が楽チンだからです。こういった関係を、私は浮気と呼んでいます。

それじゃ本気の相手とは「女らしさ」と「男らしさ」の交換はしないのかというと、バンバンします。たとえば、好きになっても、口説く権利は彼に譲るとか、最初のセックスの時に、いきなり騎乗位から始めないとか。とにかく恋愛もセックスも、彼に主導権を握らせるという女らしい心遣いは忘れません。

だったらどこが浮気と違うかというと、ただ一点、「別れられない」ということです。或いは、別れたら二度とセックスできないということです。

浮気の相手とは、サラッと別れることができます。そのくせ、久しぶりに何かのきっかけで再会した時、気まぐれにセックスも楽しめます。

ところが本気の相手には、私の場合、付き合っている時に、とことん別れない努力をするので、別れた後に再びセックスできるような気力は残っていません。手紙のやりとりや食事をすることはあるかもしれませんが、セックスだけはありえません。別れたら、エロスの欠片《かけら》も残っていないという関係を、私は本気と呼んでいます。

こんなふうに執着することが本気と浮気の違いだと断定すると、浮気より本気の方が素晴らしいのか、浮気が本気になるのを昇格と呼んでいいのか、正直言って迷います。

執着することで我慢を知るとか、我慢しているうちにそれまで気づかなかった価値観に目覚めるとか、結果、世界が広がり思いやりの心がもてるとか、やがては人として磨きがかかるといった奇跡も起きるかもしれませんが、逆に二人だけの閉じた世界に引きこもり、卑屈な人生を送ってしまうやもしれません。

そんな本気になることの危うさを踏まえて、浮気が本気になる要素をあげるなら、それは相手によって「女らしさ」で演出した素敵な私ではなく、ありのままの私を、肯定されたと感じること。別な言い方をすれば「彼と私」の区別がなくなり、「私たち」となることだと思います。

## Q 私の親友と彼がデキてしまったのですが……。

彼とは同棲三年目でした。私の親友のA子にも紹介ずみで、三人で一緒に飲むのは楽しかった。でも、ある日、A子にだけ話したことを彼が知っていたのを不審に思い、聞き出してみると、彼とA子がデキていた。許せない裏切りに、同棲は解消し、A子とも絶交状態に。でも、私が彼を嫌いになって別れたわけではないし、大きな大きな未練を感じている。最近になって彼は「A子と別れた。彼女と付き合ったのはキミが忙しくて寂しかったから」と電話をかけてきた。彼とよりを戻したい、でもまた裏切られるかもと思うと、身動きできない。

## A

私は、基本的にいろいろな人と付き合うのが当然だと思っているのね。だからあなたの立場になったとしても、「彼らは〝私の大好きな人同士〟だからデキて当たり前」と認めてしまうでしょうね。責めるとしても「どうして私も呼ばなかったの？」。それは、私がバイセクシャルだからかもしれないけど。

まあ、普通はやっぱりショックだよね。彼だって「私の親友とヤッたの？」と聞かれて「絶対に寝てない！」と〝嘘をつきとおす誠実さ〟が足りなかったし。告白しちゃえば自分はラク、みたいな発想が見えるし。その点、あなたが可哀相だなって思うよ。

それから、親友はどういうタイプ？　もしあなたを傷つけようと彼を誘惑したのなら、仲直りする必要もないし、早く縁を切った方がいい。そういう女って確かにいるもんね。

でも、そうじゃないとしたら。おそらく、二人とも、あなたのことが大好きなんだよ。彼は寂しくて、あなたの話を親友とするうちになんとなく……って、これはつまり、あなたが主役！　彼らが抱き合った時、二人の気持ちの中にあなたの存在がしっかりあったはずですよ。まあ、これは私の発想だけど、それくらい軽く考えて彼らを許してあげられるといいよね。「私は二人から惚れられていて、相手をしてあげなかったから彼らだけでヤッちゃったんだわ」とかさ。

たとえ、もう彼と元どおりになれなくても、自分の心をラクにすることが今のあなたには必要。でないと、猜疑心《さいぎしん》や警戒心に縛られて感情が凍ってしまうもの。

## Q 自分がボロボロになっても尽くしてしまうんです。

相手を好きになると、尽くしすぎてしまう私。彼が街で見かけた服や靴を欲しがると、内証で買って次のデートでプレゼントしたり、「キミの弁当を持ってピクニックに行きたい」と言われれば、徹夜してでも作ってしまう。本当は仕事が忙しくてただでさえ辛いし、お金の遣いすぎでカード破産寸前なのに……彼の気持ちが離れるのが怖くてやめられない。ここまでやっても、彼の愛が百パーセント自分に向いているか？　と考え始めると不安で眠れないんです。

## A

あなたにとって、尽くすことはもはや快楽なんだよね。貢ぐ快感を楽しんでるの。いいんじゃない。「ご趣味は？」「貢ぐことです」なんてハッキリ言えたらカッコいいよ。自分が好きでやってることだから、ヘンな被害者意識をもたないほうがいい。むしろ開き直って「こんなコト、アンタたちにはできないでしょ」なんて、威張ってもいいくらい。

だいたい、男じゃなくてペットなら、お金かけても胸を張って人に言えるのにね。飼ってる犬かわいさに庭つきの家に引っ越した、とか。あなたも貢ぐと思わないで〝飼ってる〟くらいの気骨をもってみれば？　ただ、すごく働いてるだろうから体を壊さないでね。

私のまわりにも、貢ぐのが好きな女性が何人かいるよ。彼女たちに共通しているのは、面倒みがよくて、説教好きなこと。あなたは説教できないような気弱な印象があるけど、グチは溜まってると思う。彼に対して「私はこれだけしてあげてるのに」という態度が、どこかに滲《にじ》み出てるのかも。それが思い当たるなら、貢ぐのをやめた方がいいですよ。だけど、尽くしまくるのをやめると彼が離れると思っているんでしょ？　当然、そうなるはずですね。そんなもんだよ、〝貢ぐ貢がれる関係〟って。今の彼とは、そういう世界に入り込んでしまっているから、続けたいなら貢ぎ続けるしかない。だから、開き直った方がいいって言ったの。

でも、本当に貢ぐ女をやめたいなら、その彼とは別れて、新しい恋人を探すことね。もう、私はやるだけやったんだ、と思ってさ。そして、今度は甘え上手な女になろうよ。

## Q 遠距離恋愛をしてますが、最近ギクシャクしてきて不安です。

彼は大学の先輩で、今年で四年目の付き合い。二年目の春、彼の卒業&就職と同時に、宇都宮と東京の遠距離恋愛がスタート。最初の一年間は、電話も毎日あり、月に三回は会いに来てくれたりと順調でした。ところが、今年になって彼が仕事を辞め、大学に行き直すことになり、ますます離れた秋田―東京の遠距離に。勉強にサークル、アルバイトなどで忙しい彼は、「夢に向かってまっしぐら」な状態で、私は置いてきぼりにされた気分です。秋田へ私が転勤しようかともちかけても、あいまいな返事で……。彼の卒業まで三年半。それまで待てるか不安です。

## A

「彼が卒業するまで待つ」のは「結婚を」ということ？　そんなの、彼が学生だって結婚しちゃえばいいじゃない。今すぐ秋田に行ってガンガン働いて彼を食べさせてさ。まあ、そうなると彼にとって、あなたは性的に興奮する相手じゃなくなる可能性もあるけどね。

やっぱり「彼に何かしてもらいたい」依存心があるように感じますよ。あなたの本心は「ごくノーマルな結婚をしたい」願望なのでは？　それだったら、この恋愛はやめた方がいいと思うよ。状況的に難しいもの。それよりも自分の本当のニーズに合った人を探すべきね。

あるいは「彼がどうしても好き」なのかもしれないけど、ちょっと考え方を変えてみるのもひとつの手だよね。

私の心の玉座には彼しか座れないという思い込みがあなたにはあると思う。そこに彼がどっかり座っていたら、他にいい男がいても全然気がつかないよね。本当はもう、すごくハッピーな恋愛をできる男と、すでに顔見知りになっているかもしれない。だけど、あなたの五感が働かず、気づいていない可能性もあるでしょ。一度、恋愛玉座をカラにしてみたら？

秋田の彼はそのままにしておいて、他に好きな人を見つけたっていいじゃない。「彼は夢に向かって」と言うけど、あなたは？　二十三歳って、まだやっと社会に一歩踏み出したばかりの年齢でしょ。いろいろな出会いのチャンスを自分でつぶさないでほしいなって思うんですよ。

## Q どうしても妻とエッチする気になれません。

妻とは結婚して五年になりますが、なんというか倦怠期です。彼女のことを愛しているかと問われるなら、もちろん愛しているし、大切にも思っているのですが、ことエッチに関していえば、最近はほとんどどする気になれません。以前は彼女とも相当いたしてましたし、私自身、性欲は人並みに相変わらずあるのですが、どうも最近妻に対してはその気になれないというのが正直なところです。妻の方は明らかに不満そうで、以前のように……時々求めてきます。また、一方でそんな僕に対してどこか不審の念を抱いているのも感じます。このままではちょっとまずいと思うのですが、どうすべきでしょうか。

## A

これって、私にとっては結婚しない理由の一つなんですね。今って、対《つい》という幻想のもとで、結婚すること＝愛し合っていて、その相手とセックスしなきゃいけないというような認知があるから、こういう悩みも起こってしまう。ただ、こういう場合、開き直っちゃう男が多いけど、彼は奥さんに対して誠実な人のようだし、まず「いいやつじゃないかなあ」と思いますよね。

で、どうするか。一つの方法は、「性欲のテンションが落ちている」って正直に打ち明けちゃう。そしてお互いに相談しやすい、言いやすいベースを作って、生殖じゃない純粋なセックスを一から楽しむようにする。結婚すると男女で楽しむっていう意識がないがしろにされがちだし、自身でも抑圧しがちだけど、楽しみをお互いに持ち出して、原点に帰って楽しむ、バイアグラとかＥＤの薬を使ってでもエロティックな時間を持つってこと。あるいは奥さんに対してすごい秘密を作るというのも方法ですね。

私が男だったら、他に女がいる方が、秘密を持っている方が、絶対に燃える。相手と秘密を保てること、奥さんにバレないことが前提ですけど。残された人生のセックスの回数の中でどう楽しむか、方法としては両極ですね。

お互い『自宅どうし』だと
ラブホテル代って
バカになんない・
ホテルニュー藤山
都ホテル
ホテルラフォーレ
HOTEL パリコレ
最初はワリカンにしてたカレシも
バイトやめてからはゼンゼン
お金なくて 最近はずーっと
ゴメン〜〜
今日んとこ 払っててくんない? 正美
ウン……
なんか コレって アタシ
男買った
みたいな気分になるなァ!!
しかも最近じゃ アタシもお金ないから ホテル代を 丸井で キャッシングしていく始末。
…なんか これから 男買いう みてぇー……
ピッ ピッ
……なぜか 心が さむいな ー……
でもケチって思われんのもヤで「ワリカン」ともカレシに言えないアタシ

# 第六章　東京独身者物語

## 某月某日

私は女の体を見るのがとっても好きときている。ヌードであればなおいいが、服を着ていてもあれやこれや想像を膨らませて、思わずニンマリしてしまう。

この間、女友達が二人、泊まりに来て、「何が気持ちイイか」という話題になった時のことだ。「人形体型の女のコって、絶対セックスが気持ちイイと思う」と口走って、思いもよらない顰蹙《ひんしゅく》を買ってしまった。

それまで私は、世の中には明らかに人形体型の女のコが存在すると確信していたのだ。だが二人は顔を見合わすや、「人形体型って、どういうのよ?」と、私に詰め寄ったんである。

「頭が小さくて、体つきは関節がないみたいなクニャッとした感じで、色白で、男にしなだれるのがうまそうな女のコ」と、一言で答えたつもりだったが、二人は納得しなかった。

「女優で言えば誰よ?」もう、目が真剣である。

しかし突然そんなふうに聞かれても、具体的にイメージしたのは、私の個人的な女友達であって、女優の名前なんかすぐには出てこない。

「わかった、森高千里でしょ？」いや、あれはウルトラマン体型である。「じゃ、名取裕子？」違う、頭が大きすぎる。「松田聖子？」あれは子ども体型だ。「観月ありさとか？」宇宙人だし、元気がよすぎる。「そうだ、秋吉久美子は？」う〜ん、ちょっと近いかもネ。

必死に答えたが、二人は許してくれない。「じゃあ、私たちの共通の友達で、人形体型って誰なのよ？」ほとんどケンカ腰といってもいい厳しさで、彼女たちは私を問い詰めた。そして緊張に堪えられず、私は正直に、片方の女友達を指さしてしまったのである。

思っていたとおり、指さされた方は、満面に笑みをたたえて、「ダメよォ、もっとちゃんと説明して」とちゃかすし、もう片方は、「わかったわ、斎藤は彼女の方が私より好きなのね」と責めるし、事態はますます悪い方に転がってしまったんである。

結局、「人形体型なんて、思いつきの発言で、大した意味はありませんでした」と、一人の足もとに這いつくばって、やっと勘弁してもらったのだが。心の底では絶対に人形体型はあると、今も私は信じている。きっと、これを読んでいる男性諸氏なら、わかってくれるんではないだろうか。

そんなわけで、もう少し詳しく説明しておきたい。私の周辺にいる人形体型の女には、マゾもいればサドもいる。そういう内面的な趣味や嗜好での共通点はない。あえて言うなら、恋人とはあくまでも男と女として付き合うタイプといったところだろうか。

それよりも、筋肉質じゃなくて、柔らかそうな白い肌をしていて、脚のラインがきれいで、腰の位置が高くて……つまり、セックスが気持ちイイに違いない体をした女なのよ。ねッ、いるよね？　そういう人形体型の女って、絶対いるよねッ、ねッ。

某月某日

この間、友達とセックスの悩みを打ち明けあっていて、私は突然わかったのだ。何がわかったって、なぜセックスレスな関係になるのか、その原因がわかったんである。女とベッドインしてもセックスする気にならないアナタ、ひょっとしたら同じ状態にはまっているのかもしれないよ。まッ、とにかく話を聞いてよね。

友達Yちゃんは、同棲を始めて半年になる。暮らし始めて一カ月ぐらいして、彼が時々、子どもの言葉で話すようになった。つまり「……でちゅ」とか「……まちゅ」とか、語尾にくっつけるようになったのね。

「初めはゲームだと思ってたのよ。彼の中から違う人格が転がり出てきたみたいで、結構楽しんでたの。それが、だんだんその子どもの占める割合が大きくなってきちゃって、今じゃ本来の彼は二十パーセントぐらい。ベッドの中で体を触り合っていても、楽しいんだけど相手が子どもになりきってるからね、全然セックスする方向にいかないの」

これを聞いて、私もドキッとしてしまった。私もそうだし、付き合っている男もそうなのだ。でちゅまちゅ言葉は発しないものの、おててつないでスキップしてるような、ナンセンスな遊びが面白くて、セックスも忘れて朝を迎えてしまうんである。

ゲイの友人Nにこれを話したら、彼もパートナーと同じような子返り現象にはまっていて、ベッドの中でこれから「やるゾ」という気分に切り替えるのに一苦労しているという。

「特に男はね、セックスするためには、男にならなきゃいけないのよ。しかも勃起して射精するまでテンションあげるには、自分の好みの性幻想をめいっぱい膨らませないとね。行きずりのセックスなら、やるってだけで膨らんじゃうけど、関係が落ち着くとそうはいかないから。そんなふうにいろんなもので自分を演出するって、一度子どもになる味をしめちゃうと、なかなか難しいんだよね。女のコの場合は、女になるっていうより、とりあえずベッドに転がって男に身を任せるっていう楽チンさがあるわけじゃない。ずっと子どもでいるのとたいして違わないもんね。切り替える必要がないから、だからインポにならないのよ」

いや、そんなことはない！　と、私は声を大にして言いたい。

現在、私はインポである。なぜ今セックスできないかといえば、Nの理屈で考えると、それは私が女になる切り替えに一苦労しているからの一言に尽きるのだ。

つまり私は、セックスするために、常に母親という大人の女の役を演じていたわけ。で、男は赤ん坊のように、毎度私に抱かれてたのね。これって赤ん坊の方が絶対に得だもんね。だから私も赤ん坊になってみた。そしたらやっぱり楽チンでよかった。

ということで、二人が赤ん坊をやってたら、セックスになるわけがない。で、モラトリアムどころか子返りカップルが溢れて、日本人が絶滅動物みたいに消滅する日も、冗談じゃなく近かったりしてネと思うわけよ。

某月某日

電話がこわい……。私は今、久しぶりに電話恐怖症に陥っている。

前から電話は嫌いだった。ひとり暮らしを始めた十何年か前、四畳の狭い部屋には、電話機なんかもちろんなかった。親に、「生死を確認するために、頼むからつけてくれ」と言われて仕方なくつけたのだが、それでも突然鳴りだすコール音が嫌で、タオルにくるんで引き出しやタンスにしまっておくことが多かった。

今の電話機は当時と違って、コール音は消せるし、留守番電話にもなるし、FAXの自動切り替えもできる。電話機があることなど、つい三日ぐらい忘れてしまうので、留守番電話がパンパンになっている。

それに気づいて恐る恐る再生すると、同じ人から何度も同じ内容の仕事の依頼が吹き込まれていたりする。申し訳ないという思いが、魔物に追い詰められる悪夢のように、私を狭いワンルームの隅っこに追いやる。

いや、仕事の依頼だけならまだいい。時々、意味不明のメッセージ？　が吹き込まれたりする。例えば、東南アジア系のイントネーションで、「マァミヤ〜ちゃん、いるぅ〜。いるぅ〜」。いるのは私ひとりだ。こんなのが連日吹き込まれてると本当にこわい。

かと思うと、切羽詰まった男の声で、「例の物件、早く処分しないとまずいッスよ。とりあえず五百万、必ず今日中に入れといてください」いったいどこにそんな金が！　わけがわからないだけに一層こわい。

たかが間違い電話だが、電話の向こうの逼迫《ひっぱく》した声が、いたずら電話の比にならないほどこわいんだ。もっとこわいのは、深夜にかかってくる女のすすり泣くだけの電話である。

私は耳がいい方で、知り合いの声はだいたい識別できる。特に夜中に電話してくるような連中は、プライベートだろうが仕事だろうが、女だろうが男だろうが絶対にわかる自信がある。だが、その泣き声は、誰の声かさっぱり見当がつかなかった。

最初のうちは私も真面目に相手をしていたが、ただ泣くばかりで何も答えない。四回、五回かかるうちに面倒になって、言葉もかけずに切るようになった。それより女友達の不倫の悩みを聞く方が大変だったのだ。

ある日、女友達は妊娠したと電話してきた。そして、それっきり行方知れずになってしまった。私は彼女の親からの電話に、本当のことも話せず、ただおろおろと過ごしていた。

数日経って、夜中、女のすすり泣く電話があった。私は彼女だと思い、今からそこへ行く、会って話をしようと泣きながら懇願した。と、すすり泣きはピタッととまり、「あたし、○△子じゃないよ」と、初めて女はとぼけた声を出したのだ！

男と駆け落ちして行方知れずになっていた友達は、しばらくして戻って来た。すすり泣きの電話もパッタリやんだ。でも、私はまだ電話がこわい。

某月某日

珍しくパチンコで鼻血が出るほど勝ったのに、万札でパンパンに膨らんだその財布を、どこかに落としちゃった愚かな私……。

まッ、初めての海外旅行で、荷物からゴッソリ現金を抜かれちゃった時に比べれば、青ざめるほどの金額じゃーありませんがね。しかし、財布の中には免許証やら銀行のカード、それにダイビングのライセンスなんかが入っていたわけ。それらを全部作り直さなきゃいけないと思うと、面倒臭くってさ。フテ寝してたのよ、寝汗かきながら腹出した格好で。

そしたら、突然チャイムが鳴った。

「あのー、財布を拾ったんですけど」

若い男のその言葉に、思わず私は飛び上がりましたよ。

で、そのまま何も考えずに玄関に駆け寄り、ドアを開ける。と、そこには、ツンツンの短い髪を金色に染めた、大柄のカワイイ男のコが私の財布を握って立ってたんだァ♡

湖に斧《おの》を落としたキコリに、「お前が落としたのは、金の斧か、銀の斧か、銅の斧か」って、尋ねる妖精みたいに、男のコは優しく、

「これ、あなたのじゃありませんか」なんてさ。もう頷《うなず》きまくっちゃうよ。

「お金は入ってなかったけど……」

それでも私は頬をゆるませ、目尻をたるませて、感謝の気持ちに震えながら、「何かお礼を……」と言いかけた。ところがカワイイそのコは、

「いや、いいッスよ。じゃ」

と走って行っちゃった。

ああッ、何て優しい人！

でね、部屋に戻って、鏡の前を横切った……とたんに、視界に不気味な物体が飛び込んできたの。ギョッとしてそっちに目をやれば、なんとォ、鏡の中に髪をクシャクシャに逆立て、タンクトップ型のブラジャーいっちょうで、腹をブルンと出した女が！

そう、それは私です。妖怪ネブトリを彷彿《ほうふつ》とさせる、じっとりと汗ばみ浮腫《むく》みきった顔を見つめて、私は愕然としたですよ。

こりゃ誰だって走って逃げるわな。二年前に写した免許証の顔写真はちゃんと女だったし、十年前に写したダイビングのライセンスの写真は、万一事故にあった時のために、力を入れて捜索してもらうべく、一番カワイイ写真を使っていたのであった。

後で交番へ行って「財布が見つかった、届けてもらった」と話したら、

「その男に注意しなきゃいかん」

なんて言われたけどね。私は保証するね。あの男のコが私の部屋に来ることは二度とないよ。チェッチェッ。

## 某月某日

東京生まれで東京育ちの私は、お盆で里帰りすることとは無縁である。江戸っ子でもないのに、親戚付き合いの嫌いな不精な親をもったために田舎がないのだ。

だから学生の頃、仙台やら広島から出て来た友達が夏休み郷里に帰って、お土産いっぱい持たされて何やら幸せそうな顔で戻って来るのを見ると、鼻血が出そうなほど羨《うらや》ましかった。自宅住まいだとお小遣いすら「バカいうんじゃないよッ」で片付けられてしまう。かといってアルバイトも自由に選べない。赤貧でピーピーの私にしてみれば、ひとりきりの自由な生活と、田舎での上げ膳据え膳の生活とを優雅に行き来できる彼女たちが、おとぎ話のお姫様のように見えたのだ。

あまりの羨ましさから、私はひとりをつかまえてイヤミたっぷり言ってやったことがある。

「ひょっとして○△ちゃん、あなた、田舎じゃお姫様なんじゃないの？」

そしたらどうだッ、照れ笑いを浮かべて彼女はヌケヌケと答えるじゃないか。

「まァね、旧家っていうのかな。地主だからね、向こうに帰るともう大変でさ」

なんと冗談じゃなく、彼女たちはどいつもこいつも豪族の娘ぞろいだったのだ。ジーパンにTシャツでカップラーメンをすするのは、実は仮の姿で、世が世なら口もきけない身分違いだったわけだ。私はガックリと肩を落とし、何だかさみしく納得したのだった。

あれから十年、脳天をカチ割られたきり、彼女たちの正体を直《じか》に見る勇気にもチャンスにも恵まれなかった。それがこの夏、子連れで里帰りしている親友の家に、遊びにゆく機会を得たんである。私は緊張しながらも興味津々、彼女の息子に献上するオモチャなど用意し、一張羅を着込んで上ずる思いで岐阜駅のロータリーに降り立った。歩いて五分のところに彼女の家はあった。大通りに面したその一角は見渡す限り彼女の家の塀が続き、ジャーンッと大きな門を潜《くぐ》ると、古めかしい豪邸がひっそりと重々しく控えていた。

私は再び脳天をカチ割られた。迷子になりそうなほど広い家にもショックを受けたが、それより父、母、祖母、妹、姪、彼女と彼女の息子、つまり血族が集っていたことにクラクラしたのだ。彼女は「一触即発よ」などと言っていたが、私には繭玉《まゆだま》のように情操がつむぎ出され、人を優しく包んでいるように見えた。

お姫様とはこういう環境に生まれ育つのかと、心の底から納得したのである。

## 某月某日

この時期、いたるところで祭りに出合う。亀戸《かめいど》天神祭のように古くから伝わるものもあれば、麻布《あざぶ》十番祭りなんていう新しいのもあって、デートの最中そんな路地に出くわすし、男とのそぞろ歩きにも思わず腰が入ってしまう。

だいたいが、男と会うこと自体、私にはまだ祭りなんである。部屋に男が来るとなれば、前の日から仕事はもちろん、掃除、洗濯、何やかやと、日常の一切合切に片を付けるようにしている。だから、男とデパートの生鮮食料品売場を、酒の肴やら何やら買って歩くのも日常ではなく祭りであり、まだやったことはないが、男のトランクスを洗うことも私にとっては立派な祭りになるはずである。

祭りであるからには、何だかありがたい気分になれる。職場からクタクタになって、男が私の部屋にやって来るのは、山車《だし》が遠くからドンジャラドンジャラやって来るありがたさであり、男がテレビゲームに夢中になって、ビールを飲みながら手料理を頬張る姿は、お神酒《みき》を浴びながら神輿《みこし》がワッショイワッショイ揺れるありがたさなんである。

こんなことを書くと、私がどんなに男に惚れぬいているか、ただノロケているように思われるかもしれないが、そうじゃなくって、これはもっと切羽詰まった話なのだ。つまり、男との関係を日常に引きずり込むと、私の場合どうしてもありがたさが消滅し、うっとうしさが頭をもたげるということなんである。

今までそれで何度失敗したことか。

ありがたさがなくなると、プロ野球中継に夢中になっている男に、酒の肴やら食事の用意をするのもバカバカしくなってくる。洗濯なんか、「自分のものは自分でネ、私だって仕事があるんですから」っぽい冷たい関係になってしまう。ついにはベッドの上での裸祭りでさえ、男に勢いがなくなって、「この役立たず!」ってな目も当てられない関係になってしまう。

ホントに、今世の結婚している女たちは、男との生活をどうやって繰り返しているのだろうか。まったく神業としか思えない。

結婚でも同棲でもない、こんな私の祭りのような男との関係は、いつまで続くかわからない。それを見て女友達は、「そんな先のない関係で、よくミジメな気分にならないわね」と不思議がる。

何度も言うようだが、いつまでも続くとは限らないからこそ、ありがたいんである。それに、祭りの後の片付けの、切ない思いもまたいいのだ。

## 某月某日

ひとり暮らしの女は寂しがっていると、傍目には映るのだろうか。電話で「まだひとりとはね、寂しいね」と言われた時には、思わずキョトンとしてしまった。

五年ぶりに電話をかけてきたその男が、私がかねてから狙いをつけていた相手だったりしたら、その一言にホクホクして「お願い、今から来て」とか、色っぽい声も出せただろうが、興味のない相手だと、向こうの言わんとしている意味すらなかなかつかめない。

やっと「寂しい」＝「男がいない」と思われていることに気がついた時には、思わずゲラゲラ笑っちゃったよ。それでもって「ヤッダなー、付き合っているヒトはちゃんといますよォ」と答えた後の、受話器の向こうの気の抜けた声。だいたいね、寂しがっている女を好む男なんて、私は大嫌いなのさ。向こうっ気の強い私みたいな女を楽しみたいなら、もっと軽やかに引っ掛けなきゃ。その能力のないヤツは、ぺぺぺぺぺッだよ、全く。

ところで、この間私の部屋に、女友達が二人泊まりに来た。二人とも私と似たような職業で、勤め人ではなく好き勝手に働いている。しかし一人はディンクスをやっており、もう一人は一児の母だ。ひとり者の私と彼女たちに共通する、最も盛り上がる話題といえば、それはラブ。「ああ〜ん、イイ男、いないかしらァ」である。「付き合っているヒトはちゃんといる」と言ったり、「ああ〜ん、イイ男、いないかしらァ」と言ったり、一体何を考えているんだッと怒らないように。たとえイイ男を一人握っていたとしても、もう一人ぐらい可愛い男を触っていたいと思うのが、女の情というもんでございますよ。つまり生活の相手と恋愛の相手。言い換えれば、人生を重ね合わす男と体を重ね合わす男と、その両方が欲しいわけ。

私は面倒は苦手なので、二つの役目を一人の男に背負わせたいんだけど。今のところは上手くいっているが、それは別個に暮らしているからで、そうじゃなくても六年も付き合いが続けば、気も弛《ゆる》んで腹も出てくる。その弛んだ下腹部を、ギュッと引き締めてくれるのが新鮮なラブなのよ。

その夜の話では、ディンクスをやっている彼女の恋は、暗礁に乗り上げてちょっとお休みという塩梅《あんばい》だった。一児の母は、まだ狙う相手が見つからない。私の場合、狙っている男はいるんだけど、しかもすっごくいい感じなんだけど、全然エッチな雰囲気にならない。そんなこんなで、フェロモン渦巻く女たちの夜は長いってわけさ。

## 某月某日

ひとり暮らしはお気楽だが、病気にかかるとなかなか大変である。

外資系の金融会社に勤めるOLのマミちゃんは、髪の毛一本落ちているのが許せないほどのきれい好きで、そのせいか男との関係がいまいち上手くいかない。どんな神経質な男でも、マミちゃんから見れば「汚い」の一言で片付けられてしまうのだ。

そのマミちゃんがひどい風邪をひいて、三日も寝たっきりの生活をするはめになった。どらどらと見舞いに行ったら、グチや泣き言はめったに言わない彼女が、うっすらと目に涙をためて呟いた。

「ひとりで暮らすって大変なことね」

聞けば、付き合ってる男が見舞いにやって来て、大張り切りで卵のお粥《かゆ》を作ったらしい。恋人が料理を作ってくれるなんて、私から見れば贅沢な話である。思わずノロケられたかとムッとすれば、マミちゃんはプルプルと首を振る。そのお粥はとんでもない味で、しかもキッチンはグチャグチャ、終《しま》いにゃ男はプロ野球ニュースを見ながらいい気分でビールを飲みだし、熱が出てグッタリ弱った彼女を看病するはずが、一緒にベッドに潜り込んで思う存分彼女を抱いたというのだ。

男が帰ったあと、好き勝手に荒らされた部屋を見回して、マミちゃんは病の床に臥《ふ》した心細さとは裏腹に、ひとりで生きてゆく覚悟を決めねばと自分に言い聞かせたそうだ。

う〜ん、そこまで聞くと、無邪気に看病しに来た彼氏が可哀相な気もする。女のコの部屋に行ったら家事一切に手を出さないと決め込んでいる男よりは、ずっといいヤツだと思うけどな。

ところでマミちゃんに限らず、ひとり暮らしを経験した人ってのは、病気にかかると自力でどうにかがんばろうとする。家族と一緒にいた頃は、具合が悪けりゃただゴロゴロしているだけで、誰かが様子を覗きに来てくれて、お粥やら果物やら食べたいものが枕元にセットされたものだけど……。ひとりで暮らして当てになるのは自分だけという状況に慣れてしまうと、体が弱っていると感じるやいなや栄養のあるものをバクバク食べるようになる。

バクバク食べるものだから、誰にも心配してもらえない。時には、「具合が悪いなんて言って、そんな食って寝てばかりいたらブタになるぞ」なんて嫌味を言われたりする。病気をするとひとり暮らしが嫌になるかと思いきや、ますます「ひとりで生きてゆく覚悟」をするのである。知らぬ間にすっかり根性ついてしまうワケよ。

私のカレはオジサンでとってもお金持ちで金ばなれがすごくイイ。
だからバカ高いディナーも
ゴージャスなバッグやユビワやその他すべてが手に入っちゃう
いーなァーユミちゃんって初めてつきあったんが金持ちのオジサンなんだもん〜〜
あたしのカレなんかフロなしアパート住んでる同い年の学生だからーー
ふーん
こないだも2人でお金なくてー千円で一週間すごしちゃったりしてー
2人で一コのパン食べちゃったりしてさー(笑)
最後のお金パチンコで増やそうとかいってぜーーんぶスッちゃったりしてー(笑)
……
ウチに米だけ残ってたから2人でオカズなしでゴハンだけ食べたりしてね〜
大変だよ
キャハハハ
あたしって青春してないよーな気がする……
……
ーと、金持ちとつきあってるユミちゃんはおもいました。

# 第七章　蔵出し恋愛小説4連発!

# いっぷいっぷランラン

## 1

体を離すと明信は、そわそわとバスルームに立った。昼間だというのに、週に二回は会社を抜け出して私の部屋に来る。それも突然だから他の男を連れ込むこともできない。妻子持ちの男の情熱に、ちょっと辟易《へきえき》しながら、私はそれでも甘え声で、

「今度はいつ会えるの？」

と、背広に着替え始めた明信の背中に腕を回した。

「いつでも会えるさ。有美が逢いたいと思えば、ここがピピッと反応するからな」

そう言って、明信が股間の辺りを指さした時だ。サイドテーブルの上で電話が鳴りだした。仕事の催促か遊びの誘いか、パッと身を翻して受話器を取ると、

「突然に申し訳ありません。川村です」

大学時代のクラスメート川村ゆかりの亭主の強張《こわば》った声が聞こえてきた。一瞬サーッと血の気が引く。

「ちょっと相談したいことがあってお電話したのですが……。ゆかりから、何か聞いていませんか？」

Yシャツのボタンに手を止めて、明信が聞き耳を立てている。そんなことはお構いなしに、ゆかりの亭主はしゃべり続けた。

「最近、どうもゆかりの様子がおかしいんですよ。いや、私の気のせいかもしれませんが……」

私は必死に平静を装い、とぼけた声で、

「おかしいって、どうおかしいんですかァ？」

と聞き返す。

「あの、電話ではちょっと話しにくいことなので。すいませんが会っていただけませんか」

受話器を握る手のひらに、ベットリ脂汗が滲《にじ》んできた。

「ええ、いいですけど……。今、ちょっと仕事が忙しくて」

「時間はもちろん合わせます。もしよろしければ、そちらまで伺いますが……」

思わずゴクリと唾を飲んじゃう。

「いえ、仕事の目処《めど》がつき次第、こちらからまたお電話しますわ」

「それでは、会社の方に電話をください。それから、このことはゆかりには黙っていてください。お願いします」

川村の会社の電話番号をメモして、私は受話器を置いた。フーッと溜息が漏れてしまう。

「誰からだ？」

会社に戻るはずだった明信が、Yシャツの胸をはだけたまま、私の顔を覗き込んでいた。アドレス帳から川村ゆかりの仕事先の電話番号を探しながら、

「うん、ちょっとね」

と返事を濁す。と、頭の上をバシッと手が掠《かす》め、いきなりアドレス帳をもぎ取られた。

「何だ、隠さなきゃいけないような男なのか！」

何だか可笑《おか》しくって、私は心の中でケケケッと笑っちゃう。からかうように明信の顎《あご》を指でなぞり、

「だったらどうするのオ？」

と、ネットリ視線を絡めてみる。

途端に明信はベッドに私を押し倒し、キャミソールの上から乳房をワシ摑みにした。込み上げる笑いに喘《あえ》ぎながら、射精したばかりの股間をそっと膝《ひざ》で撫で回してみる。男の指は何

かを確かめるべく、あたふたと熱く潤《うる》んだ裂け目を弄《いじ》っている。私は厚い胸板に顔面をなすりつけて、妻子持ちの男をギュッと抱き締めた。

営業の仕事そっちのけで、半分へたり込みながら、まるで印をつけるみたいに、明信は残っていた精液を懸命に肉襞に擦《こす》りつける。

——三回もやれば、今週はもう来ないだろう。

ズッシリ覆い被さって、鼾《いびき》をかいて眠り始めた男の体の下から、モゾモゾ這い出し、私はアドレス帳を拾い上げた。


その日、近所の公園でゆかりと待ち合わせることになった。

夕暮れの公園には、誰もいなかった。朝まで降っていた雨がベンチを濡らし、ブランコもジャングルジムも滑り台も、猫の死体のように冷たく固まっている。

川村ゆかりは、湿った砂を被らないように、突っ掛けサンダルの爪先を浮かすようにして歩きながら、水溜まりに向かって走り出そうとする娘の腕を摑んだ。

キャーキャー暴れる娘を笑って抱え上げると、後ろからついてきた私に背中を向けたまま、

「ちょうどいいわ。川村がどこまで気づいているか、探りを入れてちょうだいよ」

なんて言う。

ゆかりの不倫の片棒を担ぐようになって、そろそろ一カ月が経《た》つ。あの時は泣き崩れるようにして打ち明けられて、つい面白がって唆《そその》かしてしまったが、今ではこっちが怯《おび》えるぐらい彼女は大胆になっていた。

「ねエ、本気で別れるつもりなの？」

楽しそうにしている母娘を眺めつつ、これからの彼らの行方を重ね合わせ、私は唆したてまえ不安にかられて小声で尋ねてしまう。

「そうよ。あの人とはもう一緒に暮らせないわ」

ケロッとそう言うと、人妻は今度は娘と駆けっこを始めた。私はオロオロとその後を追いながら、息を切らしてもう一度聞く。

「それじゃ、やっぱり彼と結婚するのね？」

するとゆかりは、今にも泣きださんばかりにグニャッと顔を崩し、

「向こうのお母さんが反対してるのよ」

と溜息をついた。

「子持ちで、年上の女で、まだ他人の女房ですものね。誰だって反対すると思うわ。だけど、私の平和な生活を乱したのは彼の方なのよ。あんなふうに口説かれなかったら、こんなことにはならなかったもの。それでも私は、安定した暮らしを捨てて彼と一緒になろうと努力し

ているわ。だって、やっぱり彼のことを愛しているんだもん。そうするしかないでしょ」

そして胸を両手で押さえながら、吐き出すように言う。

「ああッ、でも苦しい！　ホントは迷ってるの。今のままでいられたらとっても楽なはずなのに。だけど、私が愛しているのは彼だけだから。二股なんて続けられないわ。私って不器用な女だから、そんなことできないのよ」

足に纏わりついてきた娘の頭を撫でながら、私はフンフンと頷《うなず》く。ゆかりは潤んだ瞳を向けると続けた。

「ねッ、だから川村に会って。あの人が別れるつもりでいるなら、その方が私、決心がつくと思うの」

「私は何も知らないフリをしているからね」

自分に言い聞かせるように念を押せば、泣きそうだったのが嘘みたいに、

「ええ、様子を見てきてくれればいいのよ」

ゆかりはニカニカッと笑った。そして、バッグからブラシを取り出し束ねた髪を直して口紅をさすと、娘の前にしゃがみ込んだ。

「それじゃあミワちゃん、ママはちょっとご用があるから。またオバチャンのおうちで遊んでいてね。お利口にしているのよ」

亭主にそっくりな大きな目でジッと母親を見上げていた娘は、コックンと頷いた。

ゆかりは振り返りもせずに、一気にカカッと階段を駆け上がる。右に左にクリクリ腰を振って、若い男の元に走るその後ろ姿は、酒肉犠牲を好み、悪魔を退治する女神ドゥルガーの迫力だ。

その恐怖の女神のミニチュアの手を引いて、私は部屋に戻った。さんざん〝おん馬さんごっこ〟をやらされた後、どうにか寝かしつけたところで電話が鳴った。慌てて出たら、

「何度もすいません。川村です」

私は思わず受話器を押さえ、すやすや寝息をたてている子どものほうをチラリと見てしまう。

「どうしても今日、お会いして、聞いてもらいたいことがあるんです。これから、いかがでしょうか？　そちらに参りますが……」

まるで自分の女房が、今どういうことになっているのか、ちゃんとわかっているみたいに川村の声はうわずり、怒りの感情に震えていた。私は、ドヒャッと口から飛び出しそうな心臓を飲み込んで、

「いえ、今日は困ります。明日の午後なら、夕方だったら空いていますから」

と声を潜《ひそ》める。

時間と場所を決めて受話器を置きしばらくボーッとしていると、足取りも軽やかにゆかりが帰って来た。

「有美ィ、聞いてェ〜。彼ったら、一緒に暮らす部屋を探してくれたの。私、もう絶対に川村とは別れるわ」

ドアを開けるなり、満面笑みでそう叫ぶ。そして娘に駆け寄ると、

「ミワも一緒に連れて行くからね。ミワは、ママが大好きでしょう」

と揺すぶって頬擦りを始める。

その肩をポンッと叩いて、

「明日、川村さんに会うことになったわ。今、また電話がきたのよ」

と報告した。すると、ゆかりは真剣な顔でガッと私の手を握り、

「彼と話し合ったんだけど、もし川村が彼の存在に気がついていたとしても、有美は絶対に否定してね。あの人、私に男がいるって知ったら、ミワを渡さないって言いだすと思うの。別れる理由は、川村のことが嫌いになったんだってことだけよ。性格の不一致ってわけ。それで押し通すの。これから戦いだわ。だから、そこのところヨロシクね」

と、物凄い勢いでまくし立てた。そして、ニッコリ微笑みながら娘を抱き上げると、

「さア、おうちに帰るのよ」

と、ゆかりは悠然と亭主のいる家に帰って行った。

2

「恥ずかしい話ですが、どうもゆかりに男がいるようなんです。いや、思い過ごしじゃありません。時々、無言電話がかかってくるんですよ。私が取るとすぐ切れるんですが、そのたびに、ゆかりの様子がおかしくなるんです。あいつから何か聞いていませんか？」

「うーむ……」

私は唸《うな》ってしまった。無言電話なら、私も明信の家に何度かかけたことがあるのだ。

女房の、関東北部のなまりのある喋り声を聴く度に、ズドドドオーッと機関銃みたいに心臓が唸りだし、唇が炸裂しそうになって、私は恐くて受話器を置いた。

一度、明信にそれとなく問い質《ただ》されたことがあった。勿論、シラを切り通したけど、それからは無言はやめて「オマンコ！」と一声添えるように心がけたっけ……。

ああッ、あの時の情熱は、一体どこに行ってしまったんだろう。

思えば、浦安にある明信のマンションまで、女房を見に行ったのがいけなかった。あの時、私はバッグの中から、スーパーで買ってきた三枚五百円のハンカチを取り出し、

「野薔薇の会の者です。私どもは、恵まれない子どもたちのために、寄付金を集めております」

と、ナンタラカンタラ言いながら、実は呆気にとられてしまったのだ。

だってそこには、牛乳を温めたような臭いがムワアと充満し、玄関のマットにまでオモチャが散乱して、天井からは洗濯物が吊され……つまり、想像を絶するほどの生活感が、ドッカリ腰を据えていたんだもん。

私の話をひととおり聞くと、人がいいのか、頭が弱いのか、女房は大きな背中を向けて、財布を取りにひっちらかった部屋に戻って行った。三歳の洟《はな》垂れガキは、明信にそっくりな八の字眉毛をヒクつかせて、彼女の太い腰にしがみついていた。

その息が詰まりそうな〝営み〟の実態を見ているうちに、突然、怒りがムラムラと湧《わ》いてきて、私はドアをバコーンッと閉めるやいなや、逃げるようにして帰ったのだ。

――不倫の舞台裏なんか、絶対に見るもんじゃない。そんなことしたら、せっかくの情熱が〝営み〟の実態に木端微塵《こっぱみじん》にされてしまうんだ。

「……たぶん、僕の推測では、相手の男は会社の同僚です」

ゆかりの亭主は、何かに取り憑《つ》かれたように喋り続けていた。私は大きく頷きながら、ウエイトレスを呼びとめる。

「コーヒー、お代わりお願いします」

ファミリーレストランに、ファミリーの姿はなかった。今頃ゆかりは娘を連れて、恋人とどこかで作戦会議でもしているのだろうか。

「もしそうなら！」

と、突然ゆかりの亭主が、大声をあげた。

「もしそうなら、ミワは絶対に渡さない！　勿論、離婚届だって判なんか押しません。あいつは、自分が何をしようとしているのか、わかっていないんだ！　これまで力を合わせてやってきたのに、邪魔するヤツは容赦しない！」

そこまで言うと、フフッと頬に薄笑いを浮かべ、

「殺してやります」

ゆかりの亭主は、声を潜めてきっぱり言い切った。

私は眉を寄せて、口もとに〝困ったわ〟という表情をつくる。

「だけど、もしそんなことになっていたら、絶対に私に話してるはずだわ。だってゆかりにとって、唯一私が独身の友達なんですから。きっとそういうことは、一番話しやすい相手だと思いますよ」

不安にゆらぐ男の目をまっすぐに見られずに、私はスプーンをいじくりながら、ウエイト

レスを目で追う。

「そうですね、僕もそう思ったんです。柴さんに話さないわけがないですよね。今度、ちょっとゆかりに会ってやってください。いや、このことは柴さんから切り出さないで、ただ様子をみていてくれればいいんです。お願いします」

真剣な顔で頭を下げられ、罪悪感にキリキリと胃の辺りが痛みだす。

「ええ、食事にでも誘ってみますわ」

と、空しい言葉を並べてみれば、

「いつにしますか？　なるべく早くお願いしたいんですが」

それに食いつくように、亭主は身を乗り出した。

「今夜にでも、そちらにお電話しますから。その時に、ゆかりと話して決めましょう」

それを聞いて善良な男は、ホッとした表情でレシートを掴み、立ち上がった。私は打合せどおり、転がるようにして部屋に戻る。

ドアを開ければ、これまた打合せどおり、ゆかりからの電話が入る。

「男がいるって言ってたわよ。それも会社の同僚だろうって。全部お見通しって感じね」

「そう、そりゃまずいわねエ」

「そうだよ、まずいよ。あんな善良な亭主を騙《だま》して」

片棒担いでいるのも忘れて、心が痛んだ分、責める口調になってしまう。

「しょうがないわよ。ここまで来ちゃったんだもん」

あんまりな返事に、

「あたしは、もう知らないよ」

と突き放せば、

「あら、ダメよ！　川村だって、有美のこと頼りにしているんだから。今さら協力しないなんて、まるで私に男がいるって、バラすようなもんじゃないのオ」

なんて言う。

「いいじゃない、ホントに男がいるんだから」

うんざりしたように言った途端、

「ひどい、有美だけはわかってくれると思ったのに。そんな言い方ってひどいじゃない！」

何と、ゆかりはすすり泣きを始めたのだ。私はオロオロと受話器に向かって、

「ごめん、言いすぎたわ。とにかく今夜、私からゆかりに電話することになっているから、川村さんが帰って来る前に家にいてちょうだいね」

とお願いする。

「うん。じゃあミワちゃん、オバチャンにバイバイして」

と言うが早いか、耳をつんざくような大声で、

「オバチャーン、バイバーイ」

と娘が喚いた。私はグッタリと受話器を置く。

3

「あの人ったらね、有美と食事に行くって言ったら、お金渡そうとするのよ。情けなくなっちゃうわよ。自分が頼んだこと、白状してるようなもんじゃない。あたし、あの人のそういうバカ正直なところが、うっとうしくて嫌なのよ」

しかしそう言いながらも、ククッと笑い、

「おかげで、彼とゆっくり過ごせたわ。これからも、有美にアリバイつくってもらうからヨロシクね」

と、付け加えるのを忘れない。

いつの間にか、自分の知らないところで共犯関係にされていく気がして、私は愛想笑いを浮かべながら狼狽《うろた》えてしまった。

実は、ゆかりと食事することになっていた日、電話で打合せをすますと、彼女は男の元へ

サッサと行ってしまったのだ。そしてその夜、川村から連絡を受けて、私はゆかりに言われたとおり、性格の不一致を強調して嘘の報告をするはめになった。

「ホントに言い難いんですけど、彼女、生理的にダメだって言ってました。細かいところで嫌悪感が積み重なって、気がついたら心が離れてしまったと。このままこの状態を続けてゆくのは堪えられないって、泣きながら言うんです」

「泣きながら」のところで、さすがに声が強張ってしまう。それがかえって真実味を持たせたのか、ゆかりの良人《おっと》は、しばらくはショックで声も出ない様子だった。

「そんなことを言っていましたか。それで男のことは？」

「全く、何も話に出ませんでした」

「わかりました。僕が、直接彼女に聞くしかありませんね」

覚悟を決めたようにそう言って、電話は切れたのだ。

「そうよ、聞いてきたわ。おまえがそうなったのは、他に原因があるんじゃないかって。私が無視してやったら、『正直に言ってくれって、全部話せば好きなようにさせてやる』なんて言うのよ。その手は桑名の焼きハマグリだわよ」

ゆかりはムッとしたように言葉を切る。

「それで？」

すかさず合いの手を入れれば、

「軽蔑の眼差しで、睨みつけてやったわ」

「それで？」

「それで終わりよ」

ケロッとした調子でゆかりは言った。

「ずいぶん簡単なのね」

「そのほうがイイのよ。話し始めたら向こうの思うツボだもの。理屈で絡んでこられたら、ポロッと何か言っちゃうかもしれないでしょ」

なるほど。作戦は、なかなか綿密に立てられているようだ。

「ねッ、有美、それでさァ……お願いがあるんだけど」

急に猫撫で声になって、ゆかりは続ける。

「川村を、有美の部屋に引っ張り込んでくれないかなァ。ううん、別に誘惑してくれって言ってるんじゃないわよ。慰めるフリをしてくれればいいのよ」

結局、誘惑しろと言ってるんではないか。私は話の飛びっぷりが可笑しくて、思わず大声で笑っちゃう。

「だってェ、不倫なら得意だって言ってたじゃない。ねッ、寝なくてもいいから。あの人の気持ちに、踏ん切りをつけさせてあげて」

ああッ、何て優しそうな声で、とんでもないことを言うヤツだろう。

私は受話器に向かって、チチチッと舌を鳴らしてやる。

「ダメよ。川村さんは、そういう人じゃないもの。あの人をたぶらかせるのは、ゆかり、あなたぐらいなものよ」

「そんなことないって。もう三カ月も、あっちの方はお預けにしてるんだから。それに有美のプロポーションで、落ちない男なんていないわよォ」

こんなことで、自尊心を擽《くすぐ》られてはいけないと思いつつ、

「そんなァ、やだわァ」

と、ニヤけた声になってしまう。

「ねッ、お願い。恩にきるからさ」

そう言うとゆかりは、それからの段取りを細かにしゃべりだした。


その後、川村からは二回電話があった。一回めは、ゆかりが別居を言いだし、それを渋々認めたという内容だった。

「もうこれ以上お互いを傷つけ合うのは、娘のためによくないと思うんです。柴さんにはご

迷惑をかけますが、僕の代わりに彼女の力になってやってください。それから、もし男の出入りがあるようでしたら、必ず僕に教えてください」

ファミリーレストランの時とは、打って変わって冷静な口調だった。

そして二回めは、娘を連れて女房が出て行った翌日にかかってきた。引っ越し先は、勿論新しい男が用意した部屋だった。ゆかりは当然のように、亭主に住所を教えずに行ってしまったのだ。

置き去りにされた川村は、電話口で洟を啜《すす》りながらウジウジとしゃべる。

「僕は絶対に、そこへは行くつもりなどありません。ただ、娘のことを考えると可哀相で……」

ゆかりは既に、この状態を予測していた。思わず彼女の言った一言を、心の中で唱えてしまう。

「その手は桑名の焼きハマグリよ」

何も知らずに川村は、

「娘に、もし何かあったら……。それを考えると、夜も眠れなくて。柴さんは、知っているんですよね、ゆかりたちのいるところ？」

絶対に教えるなと言われているのだ。ここまで面倒に巻き込まれて、そのうえゆかりに恨まれるなんてまっぴらだった。だから心を鬼にして、川村さんのところに真っ先に連絡しますから」

「ごめんなさい。もし何か起きたらその時は、川村さんのところに真っ先に連絡しますから」

と逃げる。しかし、ゆかりの良人は、

「あなたから聞いたなんて、口が裂けても言いませんから」

と食い下がった。そこで私は、

「……困ったわ。何だか、私、すごく悪いことをしているみたいですね」

と溜息をついてみせる。

「いや、本当に面倒なことになってしまって。柴さんにはすまないと思っています」

私は、すかさず本題に入った。

「ちょっとお疲れみたいだし、もしよろしければ、今夜、私のうちでお夕食をいかがですか？　そうね、お鍋なんかどうかしら」

川村は、一瞬戸惑うような声を漏らした。そこに追い撃ちをかけるように、

「ひょっとしたら、ゆかりから電話が入るかもしれませんけどォ。その時は、いらっしゃらないフリをしてくださいね」

と付け加える。ゆかりの予測どおり川村は、二つ返事でＯＫした。

4

明信以外の男を部屋に入れるのは久しぶりだった。何だか不思議とワクワクしてくる。今までの罪悪感の反動もあって、明信にも出したことがない豪勢な鍋を用意しちゃう。

川村は、約束の時間より早くやって来ると、恐縮した様子でテーブルについた。最初のうちは酒を遠慮していたが、

「本当に、どうしてこんなことになっちゃったのかしらねェ」

と、ゆかりのことに話題を向けた途端、怒りを嚙み潰すような表情になって、クイックイッと飲みだした。

「僕は彼女を信じたんです。あいつは、そんなバカな女じゃない。ゆかりは女である前に、妻であり、母親なんです。……しかし、万が一」

そして、自分で注いでは飲み、注いでは飲みし始めて、

「万が一あいつが裏切ったら……僕は、僕は」

あッという間に、とっくりが空いてゆく。熱燗が間に合わずに、慌ててコップを差し出せば、恐縮しながら、これもグイグイ呷《あお》り始めた。

ゆかりは、私に散々悩みをブチまけていたが、きっと亭主の方は誰にも言えずに、悶々と毎日を送っていたのだろう。酒の勢いを借りて、それを一気に吐き出すつもりか、何だか恐くなるほどピッチが早い。鍋がグツグツいい始めた頃には、川村の舌は、すっかり酒で煮えたぎっていた。

赤い目でジッと私を見ると、

「どーなんスかッ、ホントのとこは？　えッ、知ってるんでしょ？」

と唾を飛ばす。私は怯えた笑いを漂わせ、おタマで鍋を掻き回しちゃう。

「ねェ、おしえてくださいよ」

と、その時だった。電話が鳴りだしたのだ。ホッとして受話器を取れば、何とそれは明信からだった！

「あッ、俺だ。出張から今帰って来たんだ。今日は、そっちに泊まるぞ。お土産も買ってきた。久しぶりにゆっくりできるな」

私はワタワタと食卓の方を振り返る。ガチッと川村と視線が合った。次の瞬間、何を思ったのか川村は、ドドドオッと私の膝元に滑り込むとガバッと受話器をもぎ取った！

「おいッ、今どこにいるんでィ!!」

ギイエ〜ッ！　私は川村を突き飛ばし、受話器を奪い返す。

「違うの、誤解しないでねッ。今、友達のご主人が……」

言い終わらないうちに、電話は切れた。ポカンッとした顔でへたり込んでいた川村は、焦点の合わない目で私を見上げる。それに背中を向けたまま、電話機を抱えて私は言った。

「今のは、ゆかりじゃないわ。せっかくあなたのこと、慰めてあげようと思って誘ったのに、あんなことするなんてヒドイ……」

――これで、明信とも終わったな。まッ、ちょうどよかったのかもね。

そう思いながらも、気分でシクシク泣いてしまう。

「……すいません」

恐る恐る川村は、私を覗き込んだ。クルッと振り返って、私はヒタッとその胸に縋《すが》りついちゃう。

「もういいから。その代わり、今夜はここに泊まって。私、寂しくって一人じゃとてもいられないわ」

おおッとのけぞって、川村は私を胸に抱いたまま、仰向けに倒れた。

「今夜だけ、今夜だけでいいから」

「わかりました」

そう言う川村の、股間の辺りがモッコリ硬くなっている。私は何げなくその部分に手をついて、ヤンワリとひと握りしてから立ち上がった。

テーブルに戻って鍋を覗いたら、何もかもがグニャグニャに煮崩れていた。酔いが覚めたのか川村は、私を慰めるように美味《うま》い美味いと食べ始める。お酌されるまま私もクィックィッいただいちゃう。そのうちに、今まで溜まっていた明信に対する怒りが込み上げてきて、

「どーしてェ。どーして、一夫一婦じゃなきゃいけないの？」

と、私は川村に絡んでいた。

「いや、それは自分の心を卑しめないためです。愛する者を裏切れば、それは自分を卑しめることになる」

川村もわけのわからないことを言いだす。私は〝愛〟という言葉にキッとなって、ついポロッと危ないことを口走った。

「じゃ、もし、もしよ。もしゆかりに他に男がいたとしたら？　それって裏切り？　だけどさァ、ゆかりは川村さんより、その男を愛しているのかもよ。そんなのって、わかんないじゃない。それでも裏切ったって言えるわけ？」

ムッとしたように口を歪《ゆが》めて、川村は断言する。

「そうです。裏切りです。一夫一婦であるからには、それは裏切りになるんです！」

「ふーん、そんなこと言ったら、私また泣いちゃうわよォ」

その時だ。二人の会話を遮って、ピンポンッピンポンッピンポンッとしつこくチャイムが鳴った。そろそろゆかりの来る頃だが、まだちょっと状況が整っていない。そう思いながら私はヨロッと立ち上がり、ドアを開ける。と、そこには、真っ赤に顔を怒らせて、明信が立っているじゃないか！

「どういうことなんだ⁉」

川村の〝一夫一婦論〟に、すっかり熱くなってしまった私は、フニャ〜ッと薄ら笑いを浮かべ、当てつけがましく明信の目の前で、川村の首に腕を巻きつける。そして、ブチューッと唇を重ねた。

「こういうことよォー」

そう言いながら明信の鼻面ににじり寄り、ヒラヒラと手を振る。と、

「バカヤローッ‼」

頬めがけて、いきなりバコーンッと平手が飛んだ。私は、川村の足もとにグシャッと崩れ落ちる。その肩を支えて、今度は川村が立ち上がった。

「女性に何てことするんだ‼」

途端に、フンギャーッと感情が爆発しちゃう。

「帰ってェ！　帰ってよォ！　二度と来ないでェ、もう顔も見たくない、バカバカ、あなた

なんて最低だわ!!」

言いたい放題喚きながら、私はドアごと明信を押しやった。

玄関口にペタンとしゃがみ込んだ私を、ヨッコラショと抱き上げると、川村はヨロヨロとベッドに運ぶ。されるがままにグッタリ身を横たえて、私は川村の腕を摑んだ。

「お願い、抱いて……」

驚いたように私を見ると、川村はガバッと私を抱き締めた。クラクラしながら体を絡め、唇を貪り合う。服を脱がすのももどかしく、陰部を毟《むし》るようにして広げると、川村は力いっぱいペニスをねじ込んだ。いきなりの快感に、フワア〜ッと体が舞い上がる。

「ああッ、いいわ。やめないで、もっと、もっとォ……」

ペニスを根元まで咥《くわ》え込んだまま、クルッと体を返して、今度は私が上になる。ウィンッウィンッと腰を振り回し、ふっと目を上げれば、

「あなたたち……」

いつの間に入って来たのか、そこにはゆかりが仁王立ちになっていた。確かにゆかりが来るのは、打合せどおりだったけど、何となく様子がおかしい。

「ひどいわ！　二人して私を裏切って、一体どういうつもりよォ!!」

体を離す間もなく、ゆかりの後ろからヒョッコリ娘が顔を出す。

「おん馬さん、おん馬さん」

途端に私は、ドッカーンと撥ね飛ばされた。川村はバババッと服を着けると、泣きじゃくるゆかりの肩を抱き、甘ったれた声を出す。ゆかりは二、三度その手を払ったが、結局二人は体を寄せ合った。そして娘の手を引くと、その合体物は、いっぷいっぷランランと部屋から出て行ったのだ。

（了）

# 殺してやりたい

空は真っ青に晴れわたっている。部屋の窓という窓を開け放ち、布団を干して掃除機をかけ、その間に洗濯機を回す。久しぶりに今日は仕事も一段落して、まともな休日だ。狭い部屋だけど、公園に面したベランダの掃き出しを開けると目の下に美しい緑が広がって、何だか自分の部屋じゃないみたい。

それが気に入って、二カ月前にここへ越してきた。草野と別れて、彼と一緒に暮らしていた空間は、シャボン玉みたいに呆気《あっけ》なく弾けて消えた。誰もいないガランとした部屋に残っていた冷蔵庫とテレビと洗濯機と、隙間だらけの本棚を運び込んで、私はこの1DKのマンションに越してきた。

洗濯物をきちんと広げて暖簾《のれん》みたいに物干しに吊す。オープンカフェの真似をしてテーブルを出して紅茶を飲んでいたのが、いっぺんに台無しだ。でも並んで干された洗濯物は、私の気分を穏やかにさせてくれる。生活に手をかけることが、今の私にとって、精神のバランスをとる一番の特効薬だから。

午前中にそうやって家事をすませて、昼に近くのスーパーへ行く。ひとりで食べる料理は、ほとんどが和食。草野と一緒だった頃は、よくステーキや焼肉を食べたけど、今は煮魚やら豆腐やら酢の物やら、そんなものばかり食べている。

ひとり暮らしなのに、今日も両手にいっぱい買い物をする。来週から農業関係の本の校正の仕事で、また地獄のタコ部屋通いが始まるからだ。なるべく店屋物《てんやもの》を食べずにすむように、お弁当を持っていけるよう料理の下ごしらえをしておかなくちゃ。

遅いランチを簡単にすませて、洗濯物を取り込もうとベランダに出る。

さっきから少し気になっていたんだけど、何となくガス臭い。キッチンに戻ってガス台を調べたが異常はなかった。風呂場も、ちゃんと種火は消えている。でもこの臭いは変だ。

もう一度ベランダに出て鼻をクンクンさせてみる。……私の部屋じゃない、どこからか臭っている。「練馬のマンションでガス爆発事故」、新聞の隅に書かれた文字が目に浮かんだ。とたんに全身に鳥肌が立った。

慌てて受話器をつかみ上げる。

「あの、ガス臭いんですけど」

「はい、場所はどちらですか」

　住所を伝えながら、なぜか草野のことを思い出していた。「喜久恵は、いつも冷静だよな」。混乱しているはずなのに、110でも119でもなく、今もちゃんと東京ガスの事業本部の電話番号にかけている。「だってそれは、そうするべきことだもの」「でもさ、それじゃ可愛くないんだよ」。いつも草野は、バカにしたような薄笑いを浮かべてそう言った。あの顔を思い出し、受話器を置いた指が白くなるほどギュッと握り締めてしまう。

　五分も経《た》たないうちに、サイレンを鳴らしてガス会社の車は到着した。廊下に出ると、管理人と一緒にバタバタと制服姿にヘルメットを被《かぶ》った男たちが現れた。隣のドアをドンドン叩き、反応がないとわかるや鍵を開ける。近所の住人なのか、うるさそうな女たちがどこからかやって来た。

「ねえ、ガス臭いわよ。何があったの？」

「あなた、この部屋の人？　どうしたの、事件でも起きたの？」

　私はうんざりした気分で答える。

「わかりませんけど、ガス漏れだと思います」

「ちょっと、大丈夫なのかしら。爆発するんじゃないの」

「嫌アね。だからあたし、単身者向けのマンションを建てるって聞いた時から反対だったのよ。どんな連中が越してくるか、わかったもんじゃないでしょう」

顔も合わせたことのない人たちは、私に聞かせるように口々に文句を並べ立てる。

「はい、みなさんは、あちらへ行ってください。作業の邪魔ですからね。ああ、あなたですね、通報してくれたのは」

そう聞かれて、私は体を硬くさせペコリと頭を下げる。

「いや、早く連絡してもらってよかった。コンロのガスホースが切れてたんですよ。ほらね……。本人は気づかなかったと言ってるんですがね」

見せられた水色のゴムのホースには、斜めにパックリ刃物でつけたような傷がついていた。部屋では何度もフラッシュがたかれ、まるで本物の事件の現場検証といった感じで低い話し声が聞こえてくる。

「隣ですからね。何か起きたらあなたも巻き添えをくうところでしたよ。別に親しくされてるわけでもないんでしょう」

目深にヘルメットを被ったガス会社のスタッフは、ポケットからタバコを取り出し一本くわえる。ガスが漏れていたのにタバコだなんて！　私はハラハラしながらライターの火を横目で見る。

「ええ、二カ月前にここへ越してきたばかりなので。まだ挨拶もしていませんでした」

「単身者向けのマンションで、引っ越しの挨拶は必要ないでしょう。それより向こうの方が、命を助けてもらったお礼を言うべきだ。ちょっとそこで待っていてください」

そう言って隣の部屋を覗《のぞ》き込む。すると、青白い顔をした男がボーッと顔を出した。

「どうも……」

力なく頭を下げ、フラフラと中へ引っ込んでしまう。こんなガス臭い部屋で眠っていたのか、寝癖のついた髪といい腫《は》れぼったい顔といい、とても事件を起こせそうなタイプには見えない。たぶんガスホースの上に包丁でも落としたのだろう。不注意によるガス漏れ事故だ。とにかく大事に至らなくてよかった。

一件落着で部屋に戻り、いつもどおり夕方のテレビニュースにチャンネルを合わせる。水不足と水難事故のニュース、白昼堂々の現金強奪事件、宗教と民族と地下資源を題材にしたパソコン対戦ゲームの紹介。今日も一日色んな場所で色んなことが起きたらしい。隣のガス漏れみたいな小さなトラブルは、きっと掃いて捨てるほど起きているのだろう。

取り込んだままの洗濯物にアイロンをかけながら、ぼんやりそんなことを思ってテレビを見ていると、チャイムが二回立て続けに鳴った。ドアアイを覗く。

「どちらさまですか？」

「あのゥ、さっきはどうも、お世話になりました。隣の山崎です」

「えっ」と、思わず声が出てしまう。

青白い顔をした寝ぼけた男と同一人物とは思えない、ドアの外にはボーダーのTシャツに白のパンツ姿の、かなりカッコイイ背の高い男が立っていた。

「本当に、ご迷惑をかけてすみませんでした」

真っ白い薔薇の花束を差し出して、少し照れた目で私を見る。こんな可憐な花束、もらったことがない。ついボーッと見惚《みと》れてしまう。

「もう夕食はすませましたか。よかったら、近所のファミレスかどこかで、一緒に食べませんか」

私は急いで花束をガラスの花瓶に突っ込み、ジーパンをスカートに穿《は》き替えて薄く化粧をし、男の待つ一階のフロアに駆けおりる。

何だか恥ずかしくなるほど胸がときめいていた。行きずりのナンパとは違う。私の機転に対する感謝。そして純白の薔薇の花束。こんな出会いはドラマの中だけのことと思っていた。マンションを出たとたん、夜風がフワリと髪を掻《か》き上げる。私は彼と一緒に公園を横切り駅前の商店街へ向かった。

その夜、彼のよく行くという和食のレストランで夕食をご馳走になり、たわいない話をしながら、来た道を肩を並べて帰って来た。まるで同じ部屋に暮らす恋人同士みたいに。いや、草野と同棲していた頃は、別れる半年前から、一緒に部屋に帰るなんてことはしなくなっていた。夕食は別々に外ですませて部屋に戻り、ろくに口もきかずにテレビを見、私は布団に、草野はソファベッドに潜り込んでいた。

「恋人が隣に住んでいたら楽だね、送るっていっても、ほんの二メートルでいいんだから」

そんなことを言って、山崎はバイバイと手を振り自分の部屋に帰って行く。いや、その前に、私がドアを閉める間際、山崎はちょっと強引にドアに手をかけ、

「また誘ってもいいかな。隣なんだし。カラオケとかボウリングとか、いい場所知ってるから連れて行きますよ」

と笑いながら言った。

私も笑って頷《うなず》きドアを閉めた。それから靴を脱ごうとして気がついた。私は泣いていた。涙が溢《あふ》れて膝《ひざ》にこぼれたのだ。そのまま、玄関にしゃがんで自分を抱きしめ、泣きじゃくるしかなかった。何が悲しいのか、それとも嬉しくて泣いているのか、まるでわからなかった。ただ泣くことが呼吸するように、今の私には必要だった。

ついこの間まで、慣れっこになっていた同棲生活。草野とのセックスのない、まるで兄妹みたいにリラックスした日々。そこから突然弾き出されて、私は生活のどこかに、透明人間

のように私を見守る誰かがいると思おうとしてきたのだ。

……今日は何を食べようかァ、サバの味噌煮もいいけど、ブリかまの塩焼きってのもいいよねェ、うーん、迷うねェ。

そんなふうにいつも誰もいない空間に話しかけながら、私はやっとの思いで暮らしていた。ひょっとしたら草野と一緒の頃から、架空の相手と対話しながら私は暮らしていたのかもしれない。だが今は切実に、架空の相手が必要だった。そしてひとりだけの暮らしに慣れるためには、薄く膜を張った日常に他者を入れてはいけなかったのだ。

山崎の別れ間際の眼差《まなざ》しは、ひとりでいることを投げ出したくなるほど、強烈に私の心に焼きついてしまった。それからは情けなくなるほど純情に、山崎からの誘いを待った。校正の仕事で帰りが遅くなった夜は、わざと靴音を響かせ鍵をガチャガチャさせてドアを開けた。朝はゴミを出すタイミングを狙って、何度も何度も廊下に出て辺りを見回した。

そして一週間後、私は料理を詰めたタッパーを抱えて、彼の部屋のチャイムを押していた。

「はい、何ですか」

山崎のぶっきらぼうな声が聞こえた。

「隣の田川です。突然ごめんなさい」

「ああ、ちょっと待って。僕、今シャワーを浴びていたところだから。服を着てからそっちに行きます、いいですか」

「はい、ええ、待ってます」

久しぶりに聞いた声と、シャワーを浴びているという言葉にドギマギしてしまう。肩で息をしながら自分の部屋に転がり込み、テーブルの上の飲みかけのコーヒーカップを流しに突っ込み、ソファに洗いたての更紗《さらさ》の布をかけて、そこにペタンと座り込む。ドアをノックされて、思わず跳び上がって答える。

「どうぞ、開いてますから」

山崎は濡れた髪を掻き上げて入ってきた。

「やァ、声をかけてもらって嬉しかった。どうしてるかなと思っていたんだ」

オロオロしている間に、山崎は部屋に上がり込む。

「間取りは同じなのに、こっちはきれいだなァ。女性の部屋ってどこもこうなのかな。僕のところは動物の檻だからさ、喜久恵さん、来たら失神しちゃうよ」

そう言って、ソファに腰かける。彼にタッパーを渡そうとテーブルに置こうとしたら、その腕を握りつかまれた。

グィッと引き寄せられ、彼の隣に倒れ込む。そのまま抱きしめられ唇を重ねる。まるで食べられるように、何度も口もとにしゃぶりつかれて、舌先で唇を擽《くすぐ》られ、こじ開けられて、思いっきり吸われる。気が遠くなるようなキスに、私は拒絶すら思いつかず、体をグニャグニャにあずけてしまう。

キスで恍惚《こうこつ》としている間に、山崎の指はスカートの中に滑り込み、太股《ふともも》をさすり上げていた。パンティーの上から、お尻の肉をやわやわと揉《も》みほぐし始める。唇はうなじを這《は》い、耳たぶを舐《な》め、鎖骨を吸う。片腕が私の腰を持ち上げる、と同時に腰を弄《まさぐ》っていたもう一方の手が、一気にパンティーを毟《むし》り取った。

「ちょっと待って、ダメ。やめてッ」

私はのしかかる男の体を押しやり、どうにか必死に声を出す。フワッと体が軽くなって、山崎は手をとめた。じっと私を見下ろす。

「どうしたの？　イヤなの？」

不思議そうな顔で覗き込まれて、私は言葉に詰まる。

「僕はセックスしたかった。君を見たときからずっと抱きたいって思ってたよ。君は違うの？　僕に抱かれたくないの？」

確かに、親しくなりたいと思ったけど、まさかいきなりこんなことになるとは思っていなかった。こういう関係になるまえに、何度もデートを繰り返して、もっとおしゃべりして、お互いのことを打ち明けあって、そっと寄り添うように親しくなっていきたいと思っていたんだ。

この間一緒に食事した時も、聞きたかったことを何も聞けなかった。例えば、付き合っている人はいるのか、とか。どんな仕事をしているのか、とか。それから、ガスのホースがどうして切れたのか、とか……。

「だってあたし、あなたのこと、まだよく知らないわ。それに、こういうことに慣れてないの。妊娠したら困るし、ピルは飲んでいないから……。もっとゆっくり時間をかけて、あなたのことを知りたいのよ」

言葉が喉《のど》まで出かかる。が、目の前に草野の薄笑いが、「喜久恵は、いつも冷静だよな」という皮肉った顔がチラついてしまう。私を裏切った男の亡霊に、いつまでも付き纏《まと》われていたくない。そう思ったとたん体からスーッと力が抜けた。

黙ったままの私をギュッと抱きすくめると、山崎は耳もとに熱く息を吐いて囁《ささや》く。

「優しくするよ。怖がらないで」

その唇に私はキスを返し、自分でカットソーを脱ぎ捨てる。

「彼女がいるかって？　うん、いるよ」

山崎はトランクス一枚でソファに座り、私の質問に笑って頷いた。あまりのショックに茫

然としていると、私の頭を指さして、

「ほら、ここにいる」

なんて言う。どうも冗談ではなく、本当に付き合っている女性はいないらしい。

パッと見た目はモテそうだが、確かに山崎のセックスはどこか変だった。きちんと段取りがあって、次は何をどうするか、予《あらかじ》め決めているような、まるで女の体を使って黙々と作業をしているようなセックスだった。

それでも私は感じすぎてしまい、彼がいつ射精したのかわからなかった。草野の、「ああしろ、こうしてくれ」と注文ばかりうるさかったセックスとは大違いで、ただ人形のようにされるがままにしている気持ちよさを、私は夢見心地で味わった。

「ねえ、明日も来ていいかな」

「もちろんよ。何があっても七時には帰って来るわ」

もう少しゆっくり話がしたかったのに、山崎は服を着るなり、バイバイと手を振って帰って行った。テーブルの上には、渡そうと思っていたタッパーがそのままになっていた。

翌日、仕事はなかなか片付かず、私は家に持ち帰れる分をバッグに詰めて、七時少し前に狭いオフィスを出た。今日は手料理を作って一緒に食べようと思っていたけど、疲れてしまって気力がない。ヘトヘトになってマンションに辿《たど》り着き、自分の部屋の鍵を開けようとしていたら、バンッと音をたてて隣のドアが開いた。

「どうしたの、遅かったじゃない。七時って約束しただろ」

山崎がちょっとムッとした顔で、私の後ろにヌッと立つ。肩に手をかけて体をピッタリ寄せ、後ろから膝でお尻の辺りを小突く。

「ごめん、お腹がすいちゃったよね。じゃ、このまま外にご飯を食べに行こうか」

振り仰いで山崎にそう言えば、

「いいから開けろよ」

まるで本当に怒ってるような声を出す。言われたとおりドアを開け、重いバッグを下ろして靴を脱ぐ。と、私の体を引きずるようにして、山崎は奥の部屋の絨毯《じゅうたん》の上に私を押し倒した。転がる私の腰を、サッカーでもするようにガツンガツン蹴《け》り上げる。

「何があったんだよォ。三十分も、どこで誰と、何してたんだよォ」

私はあまりのことに仰天してしまう。体を丸めて部屋の隅に逃げ込み、仁王立ちになる男を見上げる。

「仕事がなかなか終わらなかったの。本当はまだ帰れなかったのよ。わたしの仕事はOLみたいに九時五時って決まってないの。前にも話したでしょ。今は特に忙しい時期なのよ」

何を考えているのか、子犬のように首を傾げて山崎はじっと私を見ていたかと思うと、その場にしゃがみ込んで頭を抱える。

「頼むから嘘つかないでよ。傷つけられるのはもうこりごりなんだよ。あんたのこと、せっかく好きになり始めたのに」

傷つけられるだの、嘘をつかれるだの、約束の時間に三十分遅れたぐらいで、この男は一体何を言っているんだろう。雨の中、外で待たされたわけでもない、さっきまで自分の部屋にいたんだ。蹴飛ばされた腰がズキズキ疼《うず》くにつれて、怒りが込み上げてくる。

「帰って、もういい。帰ってよ」

私はバッと立ち上がり、乱れた服をバンバン叩いて直し、言い放つ。男はキラキラ光る奇妙な目つきで私を見上げると呟いた。

「イヤだ」

ゾッとして私は身を竦《すく》ませてしまう。男はムックリ起き上がり、私の髪をワシづかみにする。何か不気味な爬虫類のように、舌がクネクネと唇の上を這い回った。

私は歯を食いしばり顔を背け、両手で男の顔を押しやる。と、目から火花が散るほど激しく頬をはたかれた。後頭部が壁にゴツンと当たる。クラッと目眩《めまい》がして、私は男の体に倒れ込む。

自分の体の中に、ペニスが抜き差しされているのが、不快感を通り越して不思議に思えた。思いが消えるとセックスは、こんなにも異物感しか感じられなくなるものなのか。私は目を見開き、汗を滴《したた》らせて上下する男を睨《にら》みつける。

男は黙って腰を突き上げながら、私の顔を覗き込んでいる。だが、目は私を見ていない。私という物体をすり抜けて、何か他のものを見ている感じだ。そうでなけりゃ、こんなふうにシラケた女を抱けるわけがない。

両足を抱きかかえられて、亀頭で子宮口を突き上げられる。思わず苦痛に顔が歪《ゆが》む。男はロボットのように規則的に腰を動かす。私は最初の、あの夢のような快感を思い返すこともできず、うんざりしながらただこれ以上の暴力を振るわれないために、されるがままに体をうつ伏せに返す。

果てしなく、皮膚が爛《ただ》れるまでこすり上げられる気がした。だがやっと動きは止まり、男は私の体を抱き締め、果てた。

ぐったり私の上に体を押しつけて、私の髪を毟りつかむと言う。

「明日も来るからな。今日みたいに待たせたら承知しないよ。いいね」

耳たぶを舐めながらフフッと笑うと、生首を持ち上げる感じで私の頭を揺り動かす。

私は身を縮ませ、一秒でも早く男の体が離れてくれることを祈った。そして心の中で罵《ののし》る。二度と部屋になど入れるものか。こんなセックス、強姦と同じだ。警察に訴えてやる。だがすぐに、それが何の意味もなさない、自分の迂闊《うかつ》さを笑われるだけのことだと気づく。

　山崎は初めてこの部屋にあがった時同様に、服を着ると、裸の私にバイバイと手を振って出て行った。私は慌てて部屋の鍵をかける。バスルームに飛び込み、コックをいっぱいにひねって、頭からシャワーを浴びる。

　どうしたらいいんだろう。このままじゃ向こうが私に飽きるまで、こんな状態が続いてしまうかもしれない。そう思っただけで吐き気がした。とにかく一日も早く引っ越そう。

　翌日、仕事の帰りに賃貸物件の情報誌を買ってマンションに帰る。足音を忍ばせて廊下を歩き、山崎の部屋の方に目をやりながらドアに鍵を差し込み、そっとノブを引く。音をたてずにゆっくり閉めて、フーッとため息をついて鍵をかけ、チェーンもしっかり下ろす。靴を脱ぎ、部屋の明かりをつけて、一歩中に入って私はその場に凍りついた。

「お帰り。今日は早かったね」

　山崎がソファに腰かけていたのだ。

「何を驚いているのさ。ほら」

　そう言うと、ヒラヒラ鍵を揺らしてみせる。

「靴箱の上にあったヤツ。印鑑のケースの中に、合鍵を入れておくなんてね。ひとり暮らしの女のすることじゃないよ、危ないよ」

　私は慌てて靴をつっかけ、ドアノブに手をかける。山崎がダダッと駆け寄り、私の腰を後ろから引きずり倒す。

「どうしたんだよ。今日は時間どおりに帰ってきたから褒めてやったじゃないか」

そう言って、私の手に握られていた雑誌に目をとめる。手から毟り取ると、みるみる顔色が変わる。

「引っ越すつもりか。僕に黙って、裏切るつもりだったのか、おいッ」

手が振り上げられる。私は必死に首を横に振り、そして自分でも驚く言葉を吐いていた。

「違うわ、一緒に暮らしたいと思ったのよ。どうせ隣に暮らすぐらいなら、一緒に住みたいと思ったの」

襟首をしめつけていた力が抜け、振り上げられた手は私を抱き寄せた。

「ごめん。そうか、そうだね。……でも僕、今まで女の人と一緒に暮らしたことないんだ。いつか結婚するつもりだけど、みんな僕を裏切ることばかりして、誰も僕を愛してくれなかった。喜久恵は違うんだね。僕を愛してくれるんだね」

その場は何とかやり過ごせたが、事態は一層悪い方向に転がってしまった。それでも何とか微笑んで、服を脱がそうとする男の手を柔らかく握り返す。

「ねえ、だから今日は、あなたの部屋で私を抱いてほしいの。一緒に暮らすとなれば、あなたの生活も知っておかないとね。お掃除とかもしてあげたいし」

心にもないことを言って、男の胸にしなだれかかる。

「でも、僕の部屋は本当に汚いよ。女は来ても、みんなすぐに逃げ出すんだ。だからちゃんと仕返しをしてやってるけどさ。この間、ガスホースが切れてガス漏れになったでしょ。あれは、僕の仕返しに腹を立てた女がやったことなんだ。ひどいよね。だから僕も、女の家に火をつけてやった。小火《ぼや》だったけど」

そう言ってフフッと笑う。

信じられない話だ。きっと居酒屋かどこかでこんな会話を耳にしたら、冗談で笑って聞き流しているだろう。だが、この男ならやりかねない。現にガス漏れ事故は起きているし、私だってこんな男に付き纏われるぐらいなら、事故に見せかけ殺すことぐらい考える。……事故に見せかけて殺す……そんなことができるんだろうか。

「まァ、いいや。今更僕のこと、裏切れやしないもんね。そんなことしたら、どういう目に遭うかわかってるよね。喜久恵がどこで仕事してるかも、僕はちゃーんと知ってるんだから。逃げようったって無理だよ」

じーっと私を見つめて、両腕に抱きすくめる。私は体が震えるのをこらえて、その腕をそっとほどき、冷蔵庫を開けて中から日本酒の瓶を取り出す。

「京都伏見の蔵出し冷酒なの。これを飲みながら、あなたの部屋で、これからのことゆっくり話し合いましょうよ」

「うん、いいよ」

嬉しそうに頷くと、山崎は私の肩を抱いて部屋を出た。私の鍵はポケットに入れたままだ。返す気はないらしい。仕方なく彼の後について、隣のドアの前に立つ。

玄関はサンダルやら運動靴がゴタゴタと転がって、靴を脱ぐスペースも残っていなかった。山崎は運動靴の上に履いてる靴を脱ぎ捨て、平然と部屋に上がる。私もならって、隅に重ねるようにして脱ぐ。

部屋の中は脱ぎ捨てたシャツと、空《から》のカップメンやらスナックの袋、段ボールの大きな箱に、ビニールシート、それに雑誌やスポーツ新聞の束で、グジャグジャに散らかっていた。薄暗い奥の部屋のベッドの周囲には、足の踏み場もないほどビデオテープが散乱している。つけっ放しのテレビの光に、掃き出しのカーテンレールに吊された洋服が、首つり死体みたいに不気味に浮き上がっていた。

こっちに座れとベッドの中央に引っぱられ、クーラーの送風が直撃する場所に腰をかける。

「せっかく持ってきたけど、コップがないわね。わたし、取ってくるわ」

日本酒の瓶を置いて立ち上がろうとすれば、山崎はどこからか紙コップを取り出した。なみなみと注《つ》がれた酒を、まるで水でも飲むように山崎は一気に飲み干してしまう。

「あら、お酒、強いのね」

アルコールに酔わせて早く眠らせようと思っていた私は、がっくり肩を落とす。その目の前の床を、大きなゴキブリがガサガサと走り抜けた。山崎はフーッと息を吐いてコップを差し出す。もう何も考えずに、ただ酒を注ぐ。山崎はそれも飲み干すと、笑って私の肩を抱いた。

「僕ね、こんなふうに酒を飲むの、本当は初めてなんだ。嬉しいんだよ。だって、ここでこんなふうに一緒にいてくれる女なんか、今までいなかったんだから」

私は頷き、自分のコップにちょっとだけ唇を当てる。このまま暴れずに、できればセックスもせずに眠ってくれたら……。そう祈りながら部屋を見回す。

動物の檻よりひどい。よくこんなところで暮らせるものだ。ガス漏れの時の、フラッシュがたかれた様子を思い返す。中に入ったガス会社の人は、殺人現場だと思ったに違いない。奥のベッドにいる山崎を見つけた時は、さぞやギョッとしたことだろう。

私の部屋とシンメトリーのつくりで、キッチンは、玄関を入って右側の壁につくられている。ちょうどガス台のコンロの位置が、今いる部屋のベッドの足もとに近いところにある。あのまま私が気づかずにいたら、本当にこの男は死んでいたかもしれなかったんだ。

そんなことをぼんやり思っていたら、日本酒の瓶を引ったくられた。瓶は部屋の向こうに転がり、コポコポ音をたててゴミの山を濡らしだす。山崎は私をベッドに押し倒し、パンツを下ろすと体を重ねた。手はスカートをめくり上げ、パンティーを引き剝《は》がして太股《ふともも》をこじ開ける。ゼイゼイいう酒臭い息の下で、私は肌を露出させて、人形のようにされるがままに体を開く。股間の窪《くぼ》みを指が這い回り、何かがあてがわれたが、ペタペタと陰毛をこすっては滑り落ちる。同時にガクンと大きな体が私の上にのしかかる。

「ちくしょー、ちくしょー」

身動きのとれない私の耳に、微《かす》かに男の言葉が聞こえた。ひょっとして、勃起しないのかもしれない。私は自由のきく手を山崎の背中に回して、優しく撫《な》で回してやる。大きく息を吐くと、ヌリカべみたいな体を返して、山崎はゴロンと仰向けに大の字に寝返りを打った。私はぴったり寄り添い、そっと囁く。

「今日は疲れているのよ。もう眠りましょう。今夜は私がずっとそばにいてあげるから」

荒く息をしながら、山崎は何も答えずに私を腕枕して目を閉じる。私はバクバクいう鼓動に耳をすませ、心の底から笑いがこみ上げてくるのを必死に堪《た》える。

どのくらい時間が経ったのか、テレビのコマーシャルが流れる部屋で、山崎は大鼾《おおいびき》をかいて眠ってしまった。私はズボンのポケットから自分の部屋の鍵を抜き取り、そっとベッドから下りる。足もとに落ちていたパンティーを穿き、紙コップをひとつ拾って握りつぶす。

今夜はどうにか逃げおおせた。でも、明日は……。誰にも助けてもらえない。誰かに救いを求めても、こんな男につかまったあなたがバカなのよ、世間はそういう目で私を見るだけだ。

もう一度、グルリと部屋を見回す。男の足もとに立つと、キッチンのガス台が目に入った。ガスホースだけが新しい。シンクに落ちていた、ドロドロに汚れた果物ナイフをつまみ上げる。水で濯《すす》いで、ホースに刃を当てる。サックリ開いた口からガスが漏れ出す。私は振り返りもせずにゴミの山を跨《また》いで靴を履く。

自分の部屋に戻り、バッグだけをワシづかみにしてマンションを出た。通りでタクシーをつかまえて、シートに体を埋めたとたん、ケラケラ笑いがとまらなくなる。

「お客さん、何がそんなにおかしいの？」

ルームミラー越しに運転手が私を見ている。

「ああ、ごめんなさい。夜が明けたらね、冷たいゼリーができているはずなの。それが嬉しくて。何だか子どもみたいでしょ」

涙が滲《にじ》んだ目尻をハンカチの隅で拭く。ゼリーが爆発したら、その時はその時だ。笑いを浮かべたまま、私はそっと目を閉じた。

（了）

# 私の心が癒えるまで

## 1

まずはルーフテラスに面したガラス戸をいっぱいに開ける。乾いた冷たい風が、部屋にこもった嫌な臭いを掻き出してくれる。それから動かせる観葉植物の鉢はすべてテラスに出し、キッチンの隅から素早く掃除機をかけてゆく。

十畳のリビングダイニングに敷き詰められた緑色の段通《だんつう》の絨毯は、いつ見ても暑苦しい。大型のテレビと革張りのソファ、アンティークな感じにデコレーションされたテーブルと、同じ浮き彫りで縁取られた飾り棚も安っぽくて私の趣味じゃない。隣の六畳の和室ときたら、ガラクタみたいな壺やら茶碗やらが、大事そうに狭い床の間に並べられている。

「うちにあるものは、思い出の品ばかりだから、絶対に壊したり失《な》くしたりしないでちょうだいね。それに、弁償してもらうには、ちょっとお高いと思うのよ、あなたには」

初めて私を見るなり、服飾デザイナーをしてるこの家の奥さんはそう言った。夫婦の寝室には、もっと不気味な品々が、クィーンサイズのベッドを見下ろすように棚にぎっしり並べられている。輸入品の卸《おろし》をやっている赤ら顔でチビでデブのご主人と、二人で海外旅行をするたびに買い漁ったものらしい。

「食事の支度は、お願いする日以外は必要ないわ。お洗濯とお掃除と、それと植物の手入れをしっかり頼みましたよ」

週三日、朝十時から午後一時までの三時間が、ここでの私の作業時間だ。

この夫婦には、子どももペットも寝たきりの年寄りもいない。洗濯物はほとんどクリーニングに出せばいいし、皿洗い器と掃除機とダスターさえあれば家の中はだいたい片付く。注意しなければいけないのは、ハーブと観葉植物の鉢と、テラスの植木の世話だけ。

そんなわけで、この目黒の高級マンションから渡される賃金は雀の涙ときている。しかし派遣会社に不満を言えば、返ってくる言葉は決まってる。

「代わりの人は、いくらでもいますからねえ」

家政婦なんてそんなもんだ。

ひととおり片付けると、いつもテラス際のカウチに寝そべり、棚に並んだ瓶から少しずつ抜き取ったブランディーを、ゆっくり煙草を燻《くゆ》らしながら飲むことにしている。そうやって午後の、気の抜けた青空を眺めていると、たまらなく切ない思いが込み上げてくる。そう、あたしだって、こういう生活ができるはずなんだ。あんなに……、あんなに愛し合っていたんだもの……。

ジーパンのチャックをおろす。指をパンティーの中に滑り込ませる。ソフトな指遣いで陰毛を撫で分ける。柔らかく突起したクリトリスは、潤んだ襞《ひだ》の間で熱く勃起している。瞼《まぶた》を閉じる。とたんに真紀雄の体が、懐《なつ》かしい臭いを放ってずっしり私の乳房の上に覆い被さる。薄く唇を開けばぽってりと舌が差し込まれて、私の脳ミソを弄《いじ》るように、快感がビリビリ眼球の底を震わせる。

忘れられるわけがない。快楽の記憶がこんなに体に染みついているんだもの。そうよ、あたしたち、絶対に別れられっこないわ……。

三十五歳にもなって結婚もせずに、家政婦をやってるなんて、本当は考えただけで吐き気がする。いや、誤解されちゃ困る。誰でもいいから結婚したいというわけじゃない。私にだって、ちゃんと結婚するべき相手はいるんだから。

まだ恋もセックスも、よくわからない二十歳《はたち》そこそこの頃、私は十歳年上の男に誘われて無理やりラブホテルに連れ込まれた。一日中、惣菜屋の工場で油まみれになって天ぷらを揚げていた私は、世の中ってもんがどんなに信用ならなくて夢も希望もないものか、毎日ヘトヘトになるほど思い知らされていた。それでもやっぱりセックスするということは恋をすることだったし、当然、恋はハッピーエンドで結婚につながると思っていた。

だが、その男には妻子がいた。

「結婚なんか墓場だぞ。色気もクソもない。恭子だって、あっと言う間にオバサンだよ。このピチピチの肌がシワシワになって……可愛い顔も鬼ババアみたいになっちゃうんだぜ」

男は、そんなことを言っては、毎日のように私の体を舐め回した。栃木から出てきたばかりの私は簡単に有頂天になり、フェラチオもアナルセックスもバイブの挿入もＳＭも、何もかも男が喜ぶようにがんばって覚えた。

半年付き合って妊娠したとわかった時も、

「恭子の今のままの体が好きなんだ。赤ん坊なんか生んだら、ここがガバガバになっちまう。いいのか、そんな体になっても」

という脅しに、呆《あき》れるほど素直に従って中絶してしまった。

まァ、あれはあれでよかった。あんな男と結婚したって碌《ろく》なことはない。本当に鬼ババアになって毎日怒鳴り合っていただろう。

男との関係が壊れたのは、本物の鬼ババア、つまり女房が工場に乗り込んできたのが始まりだった。そんなことには動じないつもりが、女房の剣幕に震え上がる男の姿を見て私は混乱してしまった。

感情が抑えられない私を、男はあからさまに避けるようになった。仕方なく一晩中家に電話をかけ続け、最後には自殺しようと灯油の入った瓶を片手に、私は男の家の前で帰りを待ちぶせた。あの時は女房に見つかって、つかみ合いの喧嘩になったんだっけ。

思い返すと笑ってしまう。何であんな男に、そこまで本気になったんだろう。私も子どもだった。遊びと本気の見分けが、まるでつかなかったんだ。結局男は惣菜屋をクビになった。とっくに工場をやめていた私は、昼は弁当屋で惣菜を作り、夜はレストランで皿洗いのバイトをし、そのうち男のことなど忘れてしまった。

結婚を考えているのは、もちろんそんな男が相手じゃない。

気持ちよく酔った勢いでフラフラと立ち上がり、部屋の隅にある電話の子機に手を伸ばす。ゆっくりと真紀雄の新しい電話番号をプッシュする。受話器からは、備えつけられたコンピューターの女の声が聞こえてきた。信じられない。応答専用にセットされている。昨日は留守番電話だったのに……。

せっかくリラックスした体が、冷たくキリキリと強張《こわば》りだす。私から逃げようたって無駄だってことに、いつになったら真紀雄は気がつくんだろう。こんなに愛し合っているのに、あの人は何を思い違いしているのだろうか。

2

「今週は土曜日もお願いしたいの。恭子さんの予定、どうかしら？　できれば夜九時頃まで、助けてもらえるとありがたいんだけど。そのぐらいの時間には、夫も帰ってくると思いますから」

最近、村岡多喜子は事務所を通さずに、直接交渉してくるようになった。本来は月水金曜日の、午後一時から夕方五時まで、犬の散歩と家事全般をやるという契約なんだけど。

月末になると編集プロダクションの社長をしている彼女は、事務所に泊まり込みの状態になるらしい。私が家政婦として雇われるまでは、子どもを埼玉の山奥の夫の実家に預けていたようだが。今じゃ私に、ベビーシッターまで頼むようになっていた。

「悟もね、キョウちゃんキョウちゃんって、すっかり懐いちゃってるでしょ。義理の母は腰を悪くしてるし。本当に恭子さんだけが頼りなのよ」

世田谷にあるマッチ箱みたいな水色の一戸建てに暮らすこの夫婦は、今まで勤めた中で一番金払いがいい。三歳になる子どもを預かる時は、たとえそれが契約時間帯だとしても、他の家事は一切やらなくていいことになっているし、キャインキャインうるさい濡れ雑巾みたいなバカ犬と、子どものトイレの世話が面倒だが、それでも夜遅くなればタクシー代にと、最低でも三千円は手渡してくれる。

夫婦の寝室は別々で、村岡多喜子の部屋は写真集や画集が隙間なく壁を埋め、嫌になるほどインテリ臭い。それに比べて夫の部屋は、まるで金持ちの大学生の部屋みたいだ。流行のアウトドア・グッズが床の上に所狭しと置かれ、ウォーキング・クローゼットには派手なワードローブがびっしり詰まっている。

きっとおしゃれな夫婦といった感じなのだろうが、二人が一緒にいるところは見たことがない。……というか、まだ私は、広告代理店に勤める夫とは、顔を合わせたことがなかった。

土曜日は、午後保育園に悟ちゃんを迎えに行き、その足で近所の児童館に向かう。

保育園から児童館まで、子どもの手を引きながら、見つけた電話ボックスで私は真紀雄に電話をかける。会社は休みのはずなのに、また受話器の向こうからは、無機質な冷たい女の声が応答メッセージを繰り返す。

仕方なくバッグから油性のマジックを取り出して、黄緑色の電話機のボディに真紀雄の電話番号を書いてゆく。「寂しいの、電話ちょ〜だい♡マッキー」と一言付け加えて。

私にこんなことをさせるなんて、真紀雄が悪いんだ。不幸な気持ちは共有しなければいけない。愛し合っていれば当然のことだ。夜中にいたずら電話で起こされる彼の顔を想像すると、何とも言えない安堵感に満たされる。いくら電話番号を変えても、私と連絡をとろうとしない限り、私は同じことを繰り返すだろう。

「キョウちゃん、ビーファイター、読んで」

児童館の図書室で、いつものように悟ちゃんのお気に入りの絵本を開く。それから、サッカーをしている年上の子どもたちのところに連れて行って少し遊ばせて、家に帰る途中にマーケットで簡単な買い物をすませる。

夜、子どもにラーメンを食べさせて、バカ犬と一緒にテレビの前に転がしておく。ビーフシチューを作っている間に、私は自分のためにサーロインステーキを焼き、缶ビールで喉を潤し、テレビから流れてくるアニメを見ながら悠々と食べる。

労働と報酬とのバランスが、私の仕事先を決定する。雇う側ばかりが優位なわけじゃない。雇われる私との相性が一番重要なのだ。それにビーフシチューは村岡多喜子の大好物。サービスだって怠りない。

今夜は特別に、子どもをちゃんとお風呂にも入れてやることにしよう。ツルツルの三歳児の触り心地も好きだし、何と言っても水の中に子どもを浸ける、いや、浸かりそうになる子どもを守ってやるのが、えもいわれぬ楽しみだから。

「さぁ、そろそろ上がらなくちゃ。いつまでもゾウさんで遊んでたら、のぼせちゃうわよ」

アップにまとめた髪からお湯を滴らせて、茹で肉みたいに赤く膨らんだ子どもを抱き上げる。バスタブから出ようと立ち上がった時だった、バンッとドアが開いた。私は全裸で、見知らぬ男の前に立ち竦む。

「あッ、いや、失礼!!」

ドアは閉まり、男はあたふたと脱衣所の中に姿を消した。ほんの一瞬の出来事だった。

「とーさん、とーさん。キョウちゃん、とーさん」

私の腕から洗い場に降りると、子どもはドアを叩いて言う。

いや、彼が「とーさん」であるわけがない。少女漫画に登場する素敵な恋人みたいに、サラサラの髪と涼やかな目をしていた。あんな美しい男が、私の前に既婚者として現れるわけがない。

クラッと視界がでんぐり返る。私はバスタブの中にぐんにゃり仰向けに崩れ落ちた。後頭部をしたたかぶつけたが、痛みは全くなかった。それよりも、頭にまるで穴でも開いたように、今まで行き場を失っていた愛のオーラが迸《ほとばし》り出たのだった。チャポチャポと揺らぐ世界に両手を突き出し、羊水に浸かる胎児のように、私は恍惚となって湯の中で喘《あえ》いだ。

気がつくと、ガッチリと彼の腕に抱きかかえられていた。いい香り。思わず逞しい胸に鼻をこすりつけちゃう。

バスローブに包まれて、居間のソファベッドに横になる。優しい眼差しで彼は私を見つめた。

「大丈夫ですか。すみません、多喜子だと思ってしまって……。失礼しました」

額に冷たいおしぼりをのせてもらい、甘い吐息をつきながら私はじっと見つめ返す。子どものために借りてきたディズニービデオのワンシーンが重なった。いばらを掻き分け堅く閉ざされた城に辿り着き、姫に口づけする王子様……。眠りの森の美女も、きっとこんな気持ちで王子を見上げたのだろう。

私はガバリッと起き上がる。バスローブがはだけて乳房が飛び出す。ガスヒーターの前で積み木をしていた子どもが大声をあげる。

「ぱいぱい。キョウちゃんのぱいぱい、大きいね」

私は無我夢中で、やっと出会えた私の王子様にしがみついた。

3

しがみついて揉み合ったとたん、私はソファベッドから滑り落ち、床の上に全裸で転がった。バランスを失って、男は私のプルプル揺れる乳房の上に覆い被さる。

「恭子さん、どうしたんです。ちょっと待ってください、僕は何も……」

その薄い唇にむしゃぶりつく。舌をねじ込み、息を止める勢いで精気を吸い上げる。激しく強烈な口づけに、力んでいた男の腕から力が抜けてゆく。私は脇腹を押さえていた長い指を剝がし、そっと秘密の花園に導いた。

熱く潤んだ陰唇は柘榴《ざくろ》のようにパックリ開いて、形のいい指先を咥《くわ》え込むとトロケた溜息をパフッと漏らす。唇に舌を、膣に指を、粘膜を掻き混ぜ合っているうちに、いつの間にか男の下半身は剝き出しになっていた。

硬く勃起したペニスに指を搦《から》め、膣の奥深くズブズブと埋め込む。両脚の間にギュッと男の腰を挟み込み、首ったまに両腕を搦めて、思い切り腰を振りたてる。

「ああッ、いい〜、感じちゃう……もっともっと、壊れちゃうほど、あたしをメチャクチャにしてェ〜!!」

ハ〜ッハ〜ッと彼の荒い息がうなじにかかる。何という幸せだろう。欲しいものが、こんなに簡単に手に入るなんて！

と、その時、悶《もだ》える私の頭を小さな手が撫でた。

「キョウちゃん、痛い痛いなの？　とーさん、キョウちゃん、いじめちゃダメです」

その声に二人ともハッと動きを止める。

「悟ちゃん、大丈夫よ。気持ちいいこと、してもらっているのよ」

息も絶え絶えにそう答えながら、現実に引き戻されて困惑している彼の唇に、もう一度キスをする。そのまま今度は私が彼の上に跨《また》がり、二十歳の頃に教え込まれた特上の騎乗位をご披露してみせる。

美しい顔を苦しげに歪めて、村岡直樹はグッタリと果てた。私はもう一度シャワーを浴び、二階の画集と写真集だらけの陰気な寝室に子どもを連れてゆく。

「……赤頭巾ちゃんは、狼の鋭い歯で、ズタズタに嚙み殺されて、狼のお腹の中でドロドロに溶かされて、最後は立派なウンチになりましたとさ。めでたし、めでたし」

でたらめな童話に、子どもはトロンとした目を瞬いたかと思うと、あっという間に眠ってしまった。なんて可愛らしい……。しばらく寝顔を見つめてしまう。

と、子どもの髪を梳《す》いていた指先がブルブル震え始める。その寝顔は、まるで判子で押したように村岡直樹にそっくりだったのだ。怒りと自分に対する哀れみが、雪崩《なだれ》のように私を襲う。

他の女の腹から生まれ落ちた子どもなど、憎悪を感じこそすれ可愛いなどと思えるわけがない。それを私ときたら何て人のいい。こんなことだから、いつも誰かに邪魔をされ、愛を取り逃がしてしまうんだ。今度は絶対に、そんなバカなことはしない。

子どもの顔に布団を被せて、その上に両手を重ねる。上から満身の力を込めて押さえつけようとしたその瞬間、階下から玄関のドアの開く音が聞こえた。慌てて布団を戻し、ほつれた髪を整えて階段を降りる。

「あら、こんな遅くまで、どうもありがとう。そうだわ、一緒にケーキ召し上がらない？　それと申しわけないんだけど、紅茶、アッサムじゃなくてアールグレイの方、いれてもらえるかしら」

私は無言でポットを火にかける。キッチンにある脱衣所に続くドアの隙間から、バスルームの水の弾ける音が聞こえてくる。

「悟も、お風呂に入ったのかな。ねえ、直樹さん、悟、お風呂にいれてくれましたァ？」

パタパタとスリッパの駆け込む音と、ボソボソ交わす会話が、私の頭蓋骨に鈍く反響する。さっきまで体の奥底を掻き混ぜていた硬くしなうペニスの感触が、鮮烈に膣襞に蘇《よみがえ》った。と、ポッカリと脳裏に、泡だらけになって振り向く素っ裸の彼の姿が浮かんだ。脱衣所に立っている女は私のはずなのに……。彼の無防備な背中を、愛《いと》しさを込めて洗い流すのは私がやることなのに……。腹立たしさに、破裂しそうなほどカーッと頭が熱くなる。

ポットの湯は、グラグラと沸き上がっていた。壊れた空間で、私は居場所を失い浮遊している。パズルは、きちんと嵌《は》め込むべき場所に嵌め込まねばならない。完全に安定した隙間のない形が美しいのだ。そのためには……。煮えたぎる湯をコポコポと、紅茶の葉っぱの上に注ぐ。いい香りが立ちのぼる。安らかな、幸せの香り。

「あの、お紅茶、はいりましたけど。あたくし、甘いものは苦手なので、今夜はこれで失礼させていただきます。月曜日、いつもどおりでよろしいんですね」

声をかけると、笑いをふくんだ女の声が返ってくる。

「ええ、そうして……。本当に今日は、ありがとう。恭子さん、感謝しているわ」

戻ってきた村岡直樹の妻は、濡れた手に三千円をヒラヒラさせている。

「またよろしくお願いしますね」

私はギョッとして、その場に凍りついた。これはタクシー代だ。いつも遅くなると渡されるじゃないか。だが、そうわかっていても、嫣然《えんぜん》と微笑む女の顔を見ていると、犬を射精させたお駄賃みたいに思えてしまう。

「遠慮しないで。それとも、これじゃ足りないかしら」

強張る指に慌てて三千円を受け取ると、私はバッグをつかみ、逃げるように玄関のドアを開けた。

それからの一週間、目黒のマンションでブランディーを啜《すす》るときも、新しく契約を結んだ世田谷の豪邸に住む寝たきりの婆さんの世話をやいている間も、村岡直樹への熱い思いは消えなかった。

私の部屋の電話番号は知っているはずだが、彼からは何の連絡もない。……おかしい。あんなにもしっかりと愛し合ったのに。私は、夜も眠れないほど彼の声を聞きたいと思っている。呼び出されて、もう一度ゆっくり抱き合えるのを、こんなに楽しみにしているのに。いくら仕事が忙しくても、電話一本かけられない理由はない。

電車を乗り継いで、いつもどおり遅れずに約束の一時ぴったりに、路地の奥の水色の一戸建ての玄関に辿り着く。今日は時間をオーバーして、夕方六時に私が子どもを保育園まで迎えに行くことになっている。やるべきことはさっさと片付けねばならない。

鍵を開けるやバカ犬が足もとに飛びついてくる。蹴るように追い立てて、私は直《す》ぐさま受話器をつかみ上げた。村岡直樹の勤める会社の電話番号も、もちろん携帯の番号も、ニフティーの番号だって、私はちゃんと把握してる。会うためなら何だってしてやる。何なら彼の寝室にあるファクスを使ってもいい。

「今すぐに会いたいの。来てくれないなら、奥さんに、この間のことはすべてお話しします。悟ちゃんも見ていますから、私が犯されているところを」

会社に、そんな内容のものを送られたくはないだろう。私は彼に居留守を使われないように、電話で妻になりすまして呼び出してもらうことにした。

「ああ、僕だけど、緊急な用事ってなんだよ」

私だとわかったとたん、無愛想な声がいきなり一オクターブ跳ね上がった。誤解を招かないように、ゆっくりと言葉を選ぶ。

「今、お宅の居間からお電話してますの。すぐに帰ってらして。この間のこと、もっとはっきりさせておきたいんです。もちろん奥様には何も話していませんわ、まだ……」

それから小一時間もしないうちに、バタバタと彼は帰って来た。私は既にシャワーを浴び、ツルツルにローションをぬった素肌を、前から目をつけていた村岡多喜子の寝室の、小引き出しの奥に突っ込まれていたエルメスのナイティーでフワフワに包んでいる。素足には、ローヒールの可愛い室内履きをつっかけて、居間に掃除機をかけながら、

「お帰りなさ〜い、あなた」

と振り向きざまに抱きついてみせる。

かかしのように突っ立っている男の手を引いて、ソファベッドに腰かけさせれば、困惑した表情で彼は私を見上げる。

「驚いてらっしゃるのね。でも、これ、似合うでしょ。笑っちゃイヤよ。一度こうやって、疲れて帰る夫を出迎えたかったの。夢がかなってとっても嬉しいわ」

膝の上に腰かければ、男は私を振り落として、バネのようにビヨ～ンッと立ち上がる。

「恭子さん、僕にはわからない。何をしてるんですか、僕たちの家で!!　困るよ、こんなこと。どういうつもりなんだ、えッ」

思いがけず睨みつけられ、私はワナワナと床の上に蹲《うずくま》る。涙がドッと溢れてしまう。

僕たちの家って、そっちこそどういうつもりなのよ。私とこの家で、この床の上でセックスしておいて、僕たちの家だなんて、どの面《つら》下げて言えるのよッ。

私は顔を上げ、キーッと睨み返す。その姿に恐れ入ったのか、村岡直樹はおろおろと私を抱き上げると、ソファに座らせた。

「落ち着いて話そう。そんな格好してちゃ寒いだろう。いや、そのエルメスよく似合ってるよ。でも待って。ほら、僕の上着を着て」

そうやって優しくされれば、煮えたぎった怒りはスーッと引いてゆく。私は彼の胸に頬を寄せ、小鳥がついばむように顎《あご》に唇にキスを繰り返す。その手を取り、乳房をたっぷりと触らせ、この間と同じように愛の蜜が滴る秘密の花園に長い指を導き入れる。同時に、ぽんやり私を見つめる薄く開いた唇めがけ、思いっきり舌を突っ込んでやる。

そのまましなだれかかるように、彼の体の上に覆い被さり床の上に雪崩落ちる。

「ああん、ねえ、触って……。こんなに濡れてるの。あなたのコレを、あたしのココに突っ込んで……。待っていたのよ、ずっと欲しいと思っていたの」

ズボンの上からペニスをギュッと握る。彼の手は私の尻を撫で回し、濡れそぼった襞に指を搦めて、引き裂く勢いで膣を広げようとしてる。床に服を脱ぎ散らかして、お互いを食い散らかす勢いで、私たちは体をぶつけ合い、こすり合い、舐め合い、毟り合った。日はあっという間に陰って、庭に面したガラス戸には、外に出されたバカ犬が、前脚をバタつかせてきょときょとこっちを見つめていた。

4

私たちは愛し合っている。

薄暗い居間で床に寝転び、一言もしゃべらず肩を並べて、私たちは天井を見上げている。

「きちんとしたいの。あなた、結婚する相手を間違えたわ。間違えたものは直さなければ。言っている意味、わかるわよね？」

天井を見上げたまま、ゆっくりとわかりやすく言葉をつなげる。

「多喜子さんとは、すぐに別れてください。悟ちゃんのことは任せて。今までどおり、あたしがちゃんと面倒をみてあげますから」

返答がない。彼の体に脚を搦めて、萎《な》えたペニスを指でいじくりながら、もう一度同じ言葉を繰り返す。

その手を振り払って立ち上がると、村岡直樹はスタスタとバスルームに向かった。私は慌てて後を追う。黙ってシャワーを浴びる背中に抱きついて、同じことを口にした、その時だった。男は振り向くや、ドンッと私の胸を突き飛ばしたのだ。

「うるさいんだよッ!!」

勢い余って壁のタイルに腰を打ちつける。

「一回や二回セックスしたぐらいで、結婚だなんて笑わせるなよ、ガキじゃあるまいし。行き遅れの自分の姿、見たことあんのかよ。オッパイは垂れてるし、肌はガサガサだし、いい年して、何言ってんだよ全く。いいかい、しょせんあんたは家政婦なの。そっちから誘惑しておいて、疲れること言わないでよ」

嘲笑《あざわら》うようにチラッと一瞥すると、かまわずシャワーを浴び続ける。

冷たいタイルの上にぺちゃんとしゃがみ込んだ私の心臓は、砕け散った愛の破片でズタズタに引き裂かれていた。胸を押さえて俯いた拍子に、ゲロゲロと酸っぱい胃液がこぼれ落ちる。

血まみれのハートを抱えて脱衣所に這い上がり、私はヨタヨタとキッチンに続くドアを開ける。息をするのも苦しい。こんな仕打ちには堪えられない。涙で歪む薄暗い世界を手探りで歩く。やっとシンクに辿り着き、口をすすいで布巾で目を拭う。

見慣れた場所が、憎悪と汚濁の巣に見えた。生活の臭いを放つすべてのものに、傷つき剝《む》き出しになった神経はますます逆撫でられる。

恐怖に打ち震え、即座にシンクの下から包丁を二本抜き取ると、そのまま私はバスルームにとって返した。ドアを開けるやいなや、泡だらけの背中に包丁を翳《かざ》して、思いっきり体当たりを食らわせる。そう、何度も何度も、私の心が癒えるまで……。

「キョウちゃん、お風呂に入ったのォ？　サトちゃんも、ゾウさんと遊びたいです」

私の濡れた髪を見て、悟ちゃんは嬉しそうに言う。

「そうね、ゾウさんと一緒に遊びましょうね」

小さな手を引いて日の暮れた児童館の前を通る。何気なく電話ボックスを覗き込む。いつか私の書いたいたずら書きが、そのまま消えずに残っていた。あんなに切なく思い続けていた真紀雄のことを、すっかり忘れていた自分に笑いがこみ上げてしまう。

受話器を耳にあて、カードを入れてボタンを押す。と、聞き慣れた「ただ今使われておりません」という女の声が流れてきた。また捜さなくちゃ。真紀雄は本当に追いかけっこが好きだ。

児童館の庭で、子どもを膝に座らせ、満月の輝く夜空を見上げてブランコをこぐ。

「それでね、魔法使いは不思議な鏡に聞きました。鏡よ、鏡、世界中で一番美しいのは誰じゃ。すると、鏡は答えます。はい、世界中で一番美しいのは、白雪姫。小人の森に住む白雪姫でございます。魔法使いは、それを聞いて顔を真っ赤にして怒りました。なぁ〜、ん〜、じゃ〜、とぉ〜!!」

子どもはケラケラ笑い転げる。遠くから呻《うめ》くようなサイレンの音が、細く長く連なるようにして聞こえてくる。膝から子どもを降ろし、手を引いてスーパーの方にぶらぶら歩く。

途中、踏切の前で電車が二本通りすぎるのを待つ。子どもは身を屈《かが》めて、遮断機の下を覗き込む。凄《すさ》まじい音をたてて流れる列車の車輪をワクワクした目で見つめている。その小さな肩に手を置いて、心の中でそっと呟く。

「あんたのことは許してあげる」

スーパーを通り過ごし、マクドナルドのドアを潜《くぐ》る。ダブルチーズバーガーのセットを注文して、子どもにはポテトを与え、ハンバーガーを咀嚼《そしゃく》しながら、今来た道を家に向かってとぼとぼ帰る。

サイレンの音はますます大きく響き渡り、路地は人でごったがえしていた。夜空が赤く炎に染まり、燃え上がる熱が、ぼんやり立ち止まる私の頬を焦がす。よく燃えている。これこそ正に、私の怒りと愛情の炎だ。

「火元は村岡直樹さんの家の一階、キッチン奥の脱衣所。出火原因は石油ストーブの火の不始末によるもの。死者は、男性一名。ご主人、村岡直樹さん（三十三歳）と思われる」

朝刊の隅に小さく書かれた記事が目に浮かぶ。他にもバカで老いぼれのコッカスパニエル（オス）が一匹、丸焦げになっているはずだけど、そこまでは活字にはならないか。

だが、「焼死体には、怨恨によると思われる無数の刺し傷があり」と、きちんと遺体の検証はしてほしい。

なぜご主人は、この時間に家におられたのか。「それは奥さんが会社に呼び出し電話をかけたから」電話を取り次いだ社員は、きっぱりそう言うだろう。村岡多喜子は、何と答えるだろうか。「知りません、知りません」髪を振り乱して泣く彼女の顔が目に浮かぶ。

私も家政婦として、きちんと証言してやらねばなるまい。

「村岡さんは、帰って来るなり、すぐにシャワーを浴びに浴室に入られました。わたくしは悟ちゃんを迎えに行かねばなりませんでしたから、五時四十分には、こちらを出てしまいました。何でこんなことになったのか、さっぱり心当たりはございません」と。


（了）

# ハッチアウト

## 1

「何だか、最近ちょっと調子悪くて」

「それにしちゃ凄い食欲じゃないの」

社食のランチにフォークをさし込んだまま、ギスギスに痩せた石崎先輩はメガネ越しに横目で私をチラリと見る。

食べ終わった皿を押しやり、うんざりした気分で私は窓の外に目をやる。

「そういうことじゃなくて……」

今にも雨が降りだしそうだ。そう思った瞬間、バシャバシャバシャと記憶の断片が火花を散らして脳裏を掠めた。

まただ。いつもほんの瞬きする間の映像で、何の記憶だかちゃんと思い出せない。

「ねえ、ひょっとして不定愁訴ってヤツじゃないの。こないだ週刊誌にあったわよ」

「それって更年期障害と同じ意味じゃなかったけ。やァーね、由美子、まだ若いのにさ」

指先で瞼を押さえる私を見て、みんなクスクス笑ってる。そうかもしれない。まァ、死にそうってわけでもないし、別に気にするほどのことじゃないか。

「由美子、今夜もスポーツジムに行くの？　あたしデートでさ、行けなくなっちゃったァ」

それならひとりでゆっくり泳げる。


そう、こうして空を飛んでいる時が最高に気分がいい。今夜は雨が霧のように降っているが、頬や髪がしっとり濡れればそれがまた気持ちいい。

飛びたい時にはまず、両手を宙に差し出し、アスファルトをやんわり蹴る。あとは平泳ぎの要領で脚力を十二分に活かし、思いっきり空気を蹴ればいい。それから手で空をつかむように胸に掻き抱く。鳥の目線ほどに浮かび上がれば、もう力はいらない。体はノンワリ浮かんで、右にも左にも、落ちるも浮かぶも思いどおりに宙を移動できる。

こんなふうに空を飛べるようになったのは、ある日風邪をひいて四〇度近い熱を出し、ひとり暮らしの自分の部屋が、ビニール袋の中に押し込まれたみたいにグニャグニャに歪んで見えた時からだった。

歯の根も合わないほどガクガク震えるぐらい寒いのに体中から汗が噴き出し、煮え立った内臓が皮膚を破って溢れ出すかと思うほど、体は熱でパンパンに膨らんでいた。

あまりに苦しくて、不安も恐怖も感じる余裕はなかった。辺りを見回し、何がどうなっているのか理解できず私は目を閉じた。

と同時に、私は私の肉体からポンッと抜け出していた。そう、まるでハッチアウトするみたいに。

言葉では上手く説明できない。いつも感じるのは、イカの赤ちゃんが透明な卵からポンッと飛び出す感覚に似てるということだ。ただ透明なのは抜け出た私の方で、あの日ベッドに埋もれた私の体は、苦しそうに息をしながら湯気をたてていた。

私はその時、既に宙に浮いてベッドの自分を見下ろしていた。別に驚きはしなかった。

「これは夢だ」その頃はまだ、そう思い込んでいたから。

息苦しい感覚から解放されてホッとした私は、ガラス窓から外を眺めているうちに、ガラスを擦り抜けて夕暮れの通りに転がり落ちてしまった……ような気がしたが、実際には落ちたわけじゃなかった。

私の部屋は大通りに面したマンションの七階にある。落ちたら間違いなくアスファルトの上に潰れて広がって、その上をバスやトラックがグジャグジャに踏み潰して……。

落ちると思って窓枠にしがみついた私は、夢の中にいる気分でそっと手を離してみた。私は落下せずにそのままのポーズで空中に浮いていた。サヤサヤと風が気持ちよく髪を撫でた。顔を上げると、新宿の高層ビル群が、夕日をバックに遠くに美しく霞んで建ち並んでいるのが見えた。「やっぱり夢か」と、あの時は思ったものだ。

だが、その体験から一カ月、今じゃ夢でないことはわかっている。こうして蝶のように街路樹の花にとまって道行く人を眺めたり、ツバメみたいに素早く身を翻して高架線の下を潜ったり、浮遊感覚も色々と楽しめるようになった。

といっても、思いどおりに自分の体から抜け出せるかというと、実はまだそうではないのだが。どういうタイミングでこういうことになるのか、はっきりとはわからないのだ。セックスの最中に一瞬抜け出せそうになったこともあった。今日はプールで泳いでる最中に、いつの間にか抜け出していた。

眠れば抜け出せるかというと、そうでもない。眠りかける一瞬を逃すと、蓋が閉まったように動けない状態に陥る。そして、自分の体に戻る時も、まるで吸い込まれるように、気がつくと私は私の中にいるのだ。

## 2

「あァッ、ダメ……いやァ、終わっちゃダメよ。まだ、まだ、ねェ、もっともっともっと奥まで突っ込んで、壊れちゃうぐらいしてしてしてしてしてェ〜」

仁志の背中に回した腕にギュッと力を込める。膣の奥に差し込まれたペニスは、今にも爆発しそうに硬く熱く亀頭を膨らませている。それをガッチリ咥え込んだまま、思いっきりクリトリスをペニスの根っ子にこすりつけてやる。ハァ〜、たまらない、いい気持ち。

とたんに仁志は、狂ったように腰をドカドカ突き上げ始めた。仁志の体から汗の粒がポタポタ滴り落ちる。仁志の頭に腕を搦め、唇に舌をねじ込む。汗と唾液と粘液でグチャグチャヌルヌル音がする。恍惚を吸い尽くすみたいに口と膣を彼にピッタリくっつけて、目を閉じたまま瞳を震わせる。

と、次第に鼓膜がビリビリ痺れ出して、物凄い勢いで快感が脳天を突き抜けた。

「由美子、……愛してるよ」

仁志の息がうなじを這い、心臓の鼓動が乳房を叩く。完全に脱力してベッドにグニャッと体を広げれば、ペニスがヌルンッと抜けて、その拍子に膣がドクンドクン波打つ。私は仁志の頬に軽く唇を合わす。

あたしも愛してる、たぶん、そうね、もうちょっと早漏をどうにかしてくれれば……。

自分の裸を見るのはあまり好きじゃない。特にセックスした後の、股間にティッシュを挟んだままの惚けた寝顔は、正直言って見たくなかった。何でこんな時に出て来てしまったんだ。隣にいる男ときたら冷めた顔で、天井に浮かぶ私を見上げてタバコを吸っている。ヒラヒラ手を振ってみるが、もちろんこっちは見えていないはずだ。

この男と付き合い出して、そろそろ三カ月になる。最初の一カ月は、前の男と二股をかけた状態だった。前の男には女ができて、摑み合いの喧嘩をして手酷《てひど》く振られたのだ。そんなことは何も知らないこの男と、ほんのツナギのつもりで付き合い出したんだけど。ちゃんと話は聞いてくれるし、誠実で優しいし、嘘はつかないし物知りだし、今じゃ私は一緒に暮らしてもいいと思っている。

男が立ち上がった。どこへ行くつもりなんだ、服を着始めたぞ。ベッドの私は眠ったままだ。声もかけず上着をつかみ、男はそっとドアを開ける。外から鍵をかけた。

こんなことは今までなかった。いや、あったかもしれないが、私が目覚めた時には必ず部屋にいた。コンビニにでも行くつもりか。そうだ、きっとタバコでも買いに行ったんだろう。

そうは思うが、何だか落ち着かない。私は男のあとを追うべく、いつもどおり窓ガラスを擦り抜けて、通りにフワリと降りる。

雨はやんでいた。男はエレベーターから出て来るところだった。そしてコンビニとは逆の方に向かって歩き出した。上着のポケットから携帯電話を取り出し、早足で歩きながら誰かと話している。

こんな深夜に、そんなに楽しそうに、一体誰としゃべっているんだ?

背中にしがみついたとたん、手を振り上げて男はタクシーを停めた。私は考える間もなく、縺れるように一緒に乗り込んでしまう。

どんなに長い時間、肉体から離れたとしても、いつも間違いなく私は私の中に戻れた。でも、どのぐらいの距離、離れても平気なのかまだ試していない。男の膝の上に座ったまま、私は自分のいるマンションを振り返る。

そんな不安をブッ飛ばす勢いで、タクシーは黒く濡れた夜の道を滑るように走ってゆく。

「ねェねエ、お客さん」

タクシーは私の知らない路地に入った。さっきからしつこく運転手が男に呼びかけているのに、男は黙ったまま一言も口をきかない。たぶんここは中野区と新宿区の境目あたりだと思う。私の眠るマンションからまだそう遠くはない。目的地がここいら辺なら大丈夫、たぶん簡単に帰れるはずだ。

「ねェったら、ちょっと、聞こえてんだろ‼」

突然ガバリッと私は肩をつかまれた。ギョッと身震いして目を凝らす。狭い車の中にはハンドルを握る運転手と、私を膝に乗せたまま黙りこくる男しかいない。私の肩を握る者の姿など見えない。

「フンッ、気取ってんじゃねえよ」

ゴワゴワした声が頭の上から降ってくる。

「あんた、まだ生きてるのか」

私は恐怖のあまり、目を真ん丸に見開く。

「だから俺が見えねえんだな。ケッ、冗談じゃねえや。久しぶりに整った体してるヤツに会えたと思ったら、まだナマときてやがる。あーあッ、ろくでもねえ」

ドンッと小突かれて、私は男の膝から転がり落ちる。何なんだ？　誰がいるんだ？　背中をペタッとシートに張りつけ、私は薄暗い空間を恐る恐る見上げる。

と、不意に硬い指先が私の顎を摘んだ。ゾーッと全身が縮み上がる。

「フラフラ出て来るんじゃねえよ。あんたの肉が食われちまうぜ。いや、もう食われちまった後かい。帰るところがねえなら、俺が面倒みてやってもいいぜ」

ニクガクワレル？　どういうことだ？　私の体はベッドで幸せに眠っているはずだ。部屋には鍵がかかっているし、明日は土曜日で会社は休み、金曜の夜の安眠は保証されている。何の心配もない。

「ゴッ、ご親切には感謝します。でも、あたし、帰れますから。帰る体はちゃんとありますから」

慌てて答えれば、一瞬えも言われぬ生臭い臭気が私の鼻先を掠めた。

「そうかい、なら早く帰んな。俺みたいな善良なのばかりじゃねえんだ。あんたみたいな柔らかなのは、すぐ狙われる。餌食になったあとじゃ、取り返しがつかないぜ」

「…………」

確かに帰るには帰れるが、私にはまだ、自力で体に戻る方法もわかっていない。だが、このまま離れていてはいけないということはよくわかった。とにかく一刻も早く自分の枕許まで戻ろう。

「ああ、そこでいいや。その角で降ります」

私のパニックとは関係なしに、男はタクシーを停め、ドアは開いた。

「また死んだ時に会おうな。体に傷をつけるなよ。俺みたいに首が半分もげて頭が潰れたまってのは、何をするんでも結構面倒なもんだからな」

私は生唾を飲み込んで、見えない相手にペコリと頭をさげる。それから転がるようにタクシーを降りた。

見えない誰かを乗せたまま、タクシーは新しい客を捜しに大通りへと消えてゆく。男の背中に赤ん坊みたいにおぶさって、私は夜空を仰いだ。今起きたことが、まだよく理解できていない。トランプのカードをめくる気分で、飛び散る思考を一つ一つ拾い集める。

私は私から抜け出しても、間違いなく私だ。そう、そこが一番重要なポイントだ。ところで、さっきの見えない者は何者なのだろう。死者の魂？　それとも幽霊？　なぜ私の存在に気づいたんだ？　同類だからか？　じゃあ、私も化け物ってことか？

いやいやいや、私は実際にこの世に存在している。ただ今は肉体を伴っていないというだけだ。……それならばひょっとして、私のように肉体からハッチアウトしてる者たちも、この空間に大勢漂っているんだろうか？

わからない、何もわからない。混乱した思考にグンニャリ体を預けて、男にしがみついたまま私は、知らないアパートの階段を上がってゆく。

ところでここはどこだ？　そうだ、私は電話の相手を突き止めるために、ここまでついて来たんだっけ。一体ここにどんな女が住んでいるんだろう？

だがそんなこと、もうどうでもいいように思えた。男に裏切られようが嘘をつかれようが、今の私が抱えている問題に比べたら大したことじゃない。女の顔だけ見たら、すぐにマンションに戻ろう。いつもよりグッと高度を上げて飛べば、きっとすぐに七階の私の部屋まで辿り着けるはずだ。

チャイムを鳴らすと、ドアの陰から高校生ぐらいの若い男が顔を出した。顔立ちは幼いが、ドキリとするほど色っぽい目をしている。

「お帰り……」

こんな可愛い弟がいたのか。「なァ〜んだ」と思った時、いきなり二人は抱き合った。

「連絡くれると思ってた。嬉しい」

弟は大きな瞳を潤ませて男を見つめている。男は弟の頭に手をかけると、貪るように唇を吸った。こんな熱烈な兄弟愛、今まで見たことない。大きな手がお互いの体を這い回り、もっと密着させようと血管を浮き上がらせてきつく抱き締め合っている。これじゃ兄弟愛を超えて近親相姦だ。まさか……。

「もう女のとこへなんて行かないで。僕、こんなこと二度と耐えられない。約束して」

「約束するよ。充しかいない。よくわかったんだ。バカだったよ」

仰天している私の目の前で、ひとしきり抱擁をすませると、二人の男は愛情たっぷりにお互いを見つめ合った。それから若い男はパッと体を離して微笑みを浮かべると、

「仁志、待って。部屋に入る前に……」

そう言ってパタパタ奥に走り込み、小瓶を持って戻って来るなり、男に向かって塩をひと摘み投げた。

「仁志にくっついた女気を払わなくちゃ」

とたんに私の目の前に薄いシールドが現れた。男は笑いながらそこを通過したが、私は男の背中から剝がれ落ち、玄関先にへたり込んでしまう。ドアが後ろから私を擦り抜けバタンと閉まった。

男はゲイだった。確かにそれはショックだが、宙に浮かび、空を飛んで、自由にどこにでも入り込めるはずの私が、たった塩ひと摘みでこんな目に遭うことの方に、今は愕然としてしまう。

一体どうなってるんだ？　あまりに一度に色々な目に遭ったせいだろうか、自分の実態の輪郭が把握しきれない。それに、遭難しかけた船に乗ってるようにグラグラ足もとが揺れている。何かにつかまっていないと、街灯に照らされた夜の空間に、自分が底無しに広がってしまうように思えた。

いや、それより何より、何かにつかまるってことが私にできるんだろうか。第一、地面に立つことなんか、もともとできなかったんじゃないのか。宙に浮いていられなければ、地面を突き破って果てしなく落下してゆくだけなんじゃないのか。

恐怖に毛穴が開いて、ス〜ッと冷気が通り抜けた。私は死にかけた金魚みたいに口をパクパクさせながら、アパートの廊下を腹這いになって進んだ。今こうしている自分が何者なのか、それだけは考えちゃいけない。一秒でも早く私は私の肉体にもぐり込んで、ぐっすり休めばいいのだ。

念仏を唱えるようにそうひとり言を呟きながら、トカゲみたいに手足を踏んばり、コンクリートの階段をヒタヒタ降りる。と、もんどり打って、私は頭から通りに転げ落ちた。

最近トイレが近くて困っちゃう。明け方頃、いつも尿意で目が覚める。これも不定愁訴ってヤツかしら。体が何だかドロドロに疲れている。そんなに激しいセックスでもなかったのに。

便器から腰を上げて、フラフラとベッドに戻る。裸のまま布団の中に滑り込み、

「仁志ィ……。ねえ、仁志ったらァ」

腕を伸ばして中を探る。が、仁志の姿はどこにもない。

「一体どこに行っちゃったのよゥ」

すると、頭の中で何かが答えた。

「どこには、どっかに」

思わずあぶくみたいにヘラッと笑いが込み上げる。そのまま眠りの沼に、私はまたズブズブ引きずり込まれてく。

### 3

皿はＵＦＯみたいに水平に、空中をヒュンッと飛んだ。男の頭部を掠めて壁に当たり、パリンッときれいに二つに割れて落ちる。

「冗談じゃないわよォ〜ッ‼」

次の瞬間、私は獣みたいに吠えるや、テーブルにかけた手にギュッと力を込めて、上に並んだ料理ごとブワ〜ンとすべてを引っ繰り返していた。せっかく磨いた床が、トマトソースにまみれた肉片と、タコとエビのマリネと、グジャグジャに潰れたキッシュロレーヌで、殺人現場さながらの凄いことになってゆく。

今私は、記者会見の中継に備える芸能レポーターみたいに真剣な顔で、目の前の二人の人間、自分と男を見つめている。ただし天井のライトにぶら下がって。

男の口から、「別れよう」の言葉を聞いたとたん、私はピストルの弾丸みたいに、私の体から弾き出されてしまったのだ。

怒り狂う意思をもった自分が目の前にいて、はみ出た私は怯えている。こんなことは初めてだった。

いつもは、私は私の体の奥深くに潜り込んだまま、まどろむように過ごしているのだ。私が体から抜け出せるのは、体や意識が何かに熱中している時だけ。たとえそれがシューティングゲームに嵌まっている時だとしても、いい気分でお風呂に浸かっている時だとしても、抜け出た私の目の前で、体だけの私が、誰かと会話することなど絶対にありえなかった、少なくとも今日のこの瞬間までは。

「そんな勝手なこと、できると思ってんの！　ゼェ〜ッタイに別れない。別れないわよォ!!」

肩で息をしながら、私は怒り狂ってブルブル体を震わせている。

「僕の話を聞いてくれ。話さなきゃわからないだろう」

男は優しく私の腕をつかんで説得しようとする。が、私は猛然とその手を払いのけ、

「ダ〜レが、あんたの話なんか聞いてやるもんか！　私を捨てたら呪ってやるから。二度他の女を抱けないようにしてやるから」

そう叫び罵りまくる。目に恐ろしいほど憎しみの光が蠢《うごめ》いている。とても自分の姿とは思

えない。対照的に男は冷静に話を続ける。

「ああ、君以外、もう女は抱かないよ」

そりゃそうだ、ゲイだもの。

だが今は、そんな核心に触れる話はやめた方がいい。私には理解する余裕などない。どうしてこれほどまでに怒れるのか、今の私は怒りに支配されて、皮膚の裏側は破壊の炎がメラメラと燃え上がっている。

「ホント？」

しかし、男の言葉に炎は勢いを失った。

「ホントに私以外、女を抱かないって約束してくれるゥ？」

そのまま男の腕にしなだれかかる。厚い胸に顔を埋めて、今度は嗚咽《おえつ》を漏らして身を捩《よじ》って泣き始めた。男は驚いた顔をして天井を見上げる。目が合ったけど、私は男を助けてはやれない。それよりこっちの方が、誰かに助けてほしいぐらいなんだ。

あの見えない者に会った夜、私は夜空を飛ぶ必要もなく、無事に自分の体の中に転がり込むことができた。それから何度もハッチアウトしたが、絶対に体から離れないように気をつけてきた。

ニクガクワレルとか、餌食になるという意味は全くわからないし、そんな怖いことは何も起きなかった。が、以前に比べて気のせいか、私の居場所が狭くなったような……というか、私以外に私の中に何かがいるような気がするのだ、しかも複数。

それらが、大腸に住んでる細菌みたいに、もともと私の中にいたのか、それとも私が体から抜け出るたびに増えていったのかはわからない。しかし、それらがいるせいで、私がこうして体からはみ出しやすくなったことは間違いない。このままこの状態を放っておいていいのか、泣きたいのは私の方だ。

「ごめんなさい。あたしったらどうかしてたわ。それに、せっかくのお料理が台無し……。どこか外でゆっくりご飯を食べよう。ねッ、仁志ィ、いいでしょう」

人の苦労も知らないで、私ときたら猫撫で声で男にすり寄り、腕を取っていそいそと出かける用意を始めた。

肝心の私を置いて、体はどこへ行こうっていうんだ？　今回は窓からじゃなく、自分の後ろにペッタリ張りついて、エレベーターで一緒に一階まで降りる。

近くのレストランに行く途中、ネオンの瞬くパチンコ店の前で、私はピタッと足を止めた。男の手をギュッギュッと引く。

「気分直しに、ちょっとやっていかない？」

今までパチンコに行く趣味なんか、私にはなかった。自分の言葉にうろたえながら、二人の後について店の中に滑り込む。

　鼓膜を虚ろにさせる凄まじいデジタル音の波に、宙に浮かぶバランスを思わず崩しそうになる。どの台にも、しがみつくように老若男女が犇《ひし》めいている。私はと見ると、空いた席に慣れた様子で無言で座った。男は興味なさそうな顔で少し離れた席に腰かける。

　自分の肩越しにそっと浮かんで、私は私の抜けた私の体を辛抱強く観察する。体のどこかに、きっと出入りする通路があるはずだ。それを見つけて、無理矢理にでも入り込んでやる。

　だが、前後をパチンコ台に挟まれて、そこいら中にビリビリと電磁波の嵐が巻き起こっている。それは甘い快楽のバイブレーションに酷似していた。何も考えずこの渦に飲まれてしまえば、私の輪郭はきっとトロケるように崩れてしまうだろう。私は霧散し消滅し、肉体だけがこの世に残る。

　まァ、それもいいかもしれない……と、心地好く震えながら思いかけた時だ、何かが目の前を物凄い勢いで掠めた。じっと目を凝らす。見えない者がいるのは感じる。だが半分トロケかけた私には、その実態がつかめない。

　とにかくこのままじゃいけない。纏《まと》いつく誘惑を断ち切る思いで目を瞑《つむ》る。耳を塞いですべての音をシャットアウトし、形のない自分の存在を何とか立て直そうと気を集中させる。

　パイ皮を作るように、自分の意識を捏《こ》ねて叩いて引き伸ばして、小さく何層にも折り畳んでゆく。そうやって繰り返すうちに、私は振動そのものになって空間を震わせていた。私を取り囲む世界もすっかり変わっている。

パチンコ台にしがみついていた人間たちは、みな陽炎《かげろう》のようにゆらめいていた。そしてその陽炎に包まれて、椅子の上には巨大な蛇やらキツネやら蜘蛛《くも》やらが、腹を掻いたり足をバタつかせたり、騒々しく鎮座していたのだ。

私は自分の姿を見て、息が止まりそうになった。ゆらめく体の中には大きなネズミが一匹、弾けるパチンコ玉に黒い目をキョロキョロさせて、せわしなく尻尾を振り回していた。ヒゲをピクピク震わせて、赤い指でガラスをカリカリ引っかき、パチンコ玉の行方を一心不乱に追っている。

怨霊退散!! その鼻先めがけて、私はドーンッと体当たりを食らわせる。ネズミはピョ～ンと天井につくかと思うほど飛び上がると、次の瞬間、掻き消えていた。

「三百十六番台のお客様、ラッキーナンバーおめでとうございます! 今宵も閉店時間ギリギリまで、十箱、二十箱、三十箱、前のお客様に負けないよう、ジャンジャンバリバリ、ジャンジャンバリバリお出しください!!」

ハッと見ると私の台に、大当たりの三文字が浮き出ていた。店員が駆け寄り、〝無制限〟

の札を差した。プラスチックの箱を二つ足もとに置き、ペコッと頭を下げる。

「おめでとうございます、確立変動スタートです」

何だかよくわからないけど、箱にはみるみるパチンコ玉がたまってゆく。何となく入って、何となく座った席で、いきなりリーチがかかって大当たりだなんて、きっと、今日の私はついているんだ。

「ラッキーだったよねェ。いつもはパチンコなんかしないんだけど、今夜は何だかピンときたんだ。女の直感ってヤツかしら」

仁志はＣＤのいっぱい入った袋をさげて、黙って私の後ろをついてくる。夜空には大きな満月が浮かんでいた。私は仁志の空いてる手を取り、ダンスを踊るようにクルンッと体を回転させる。仁志は笑って私を見つめる。

「由美子」

ヒタッと体を寄せて、私は幸せに包まれて仁志を見上げる。

「なァ〜に？」

「僕ね、ゲイなんだ」

見開いた目にジワッと涙が込み上げる。

「へ〜、そうなんだァ」

月がメロンパンみたいにフワフワと膨らみ出す。

「……何だかね、そんな夢を見たような気がしたんだ。イヤになっちゃうなァ、女の直感なんてさ」

最後は言葉にならなくて、私は夜空を見上げたまま、仁志の胸に仰向けに倒れちゃう。

4

私の中に、あんな大きなネズミが巣食っていたとは。しかもそれに気づかず過ごしてきたことに、我ながら本当にまいってしまう。

まだ他にも、何やら怪しい気配を時々感じるが、どれもあのネズミほど簡単には尻尾を出さない。だがあの日以来、ハッチアウトするたびに私は、自分の姿を透かして見る癖がついた。ただパチンコ店でやったような集中力は、なかなか保てないのだけれど。

「こりゃあ、ひどい。あんたの体には孤独が溜まっとる」

道場の向こうでは、中年女性の背中に手を這わせて、気功の先生がありがたいマッサージを行っている。男と別れてから毎月一回、私は失恋のダメージを癒すために、この治療院でマッサージを受けているのだ。

たった今気持ちよくマッサージを終えて、私は畳の上に体を伸ばし、ちょっとウトウトしているところだった。

感情が穏やかなリズムを刻んで体を巡っている時に、こうして抜け出て来るのは気分がいい。天気のいい日に、木陰で涼んでいる心地好さに似ている。それに今は、私の体に奇妙な影は浮かんでいないし……。

そう、私の体には何も現れていない。だが道場の隅、掛け軸の前の、ちょうど先生の斜め後ろの辺りに、勃起したペニスみたいなデカイ鼻の、赤い顔をした天狗のような不思議な生き物が座っているのだ。

ギョロッと光を放つ目が、さっきからハッチアウトした私を何度も何度も睨みつける。それさえなければ、今日は久しぶりに気分のいい時間が過ごせそうなのに。

目を合わさないように、注意しながら私は私の体にフンワリ寝そべる。とたんに天狗はむっくり立ち上がり、鼻を揺らして私の方にのしのしやって来た。一歩一歩近づくにつれて、道場に広がっていた空気がムギュッムギュッと私を圧迫する。

「貴様、何奴じゃッ！　名をなのれィ!!」

雷のような声に耳を両手で塞いだまま、私はそっと頭だけ起こす。

「今、静かに休んでいるところなんです。もっと穏やかにお話しできませんか？」

と、髭を蓄えた口もとを「うッ」と歪めて眉根をしかめ、赤ら顔の天狗は私を覗き込んだ。いきなりフニャラと頬が弛《ゆる》む。

「……もしや、そなた、東国夜叉ガ淵の白蛇姫ではないか。おお、そうじゃ、間違いない。どんなにうまく化けたつもりでも、このトータス頭太《とうた》の目は誤魔化せん。そうかそうか、わしを追ってここまで来たか。わしのコレが忘れられんか。ほーッほッ、可愛いヤツじゃ」

そう言いながら、膨らんだ鼻をしごいてみせる。トータス松本なら知ってるが、トータス頭太なんて聞いたこともない。第一、私は夜叉ガどうした姫ではない。

こんな奇妙な者に絡まれて、また嫌な思いをするのは真っ平だ。無視してクルッと背中を向ける。と、やおら足首をつかまれた。

「何を恥ずかしがっておる。わしとそなたの仲ではないか。わしも人肌恋しく思っていたところじゃ。可愛がってやるぞ」

エロ爺丸出しのニヤけた顔をすり寄せ、デカイ鼻で私の頬やら首筋を撫でさする。

いくら男にフラレて寂しくしているからって、天狗を相手にイチャイチャする気はない。マッチョな太い腕からスルリッと逃げ、寝返りを打つ自分の体を置きっぱなしにして、私は窓から治療院の外に飛び出した。

「こら、どこへ行く。戻ってこんか。おい！」

声のする方を見下ろせば、気功の先生が虚ろな目をしてフラフラ建物から出て来るところだった。天狗は先生の胸の辺りにドッカリ胡座をかいて浮かんでいる。

「肉を置いてどこへ行く気だ。他の連中に取られてしまうぞ。戻って来い。乗り物がなければ、この世におれぬではないか。白蛇姫、せっかく会えたのにまた消えてしまう気か」

乗り物？　この世におれぬ？　消えてしまう？　引っかかる言葉に引き寄せられて、私はふん反りかえる天狗の側まで降りてゆく。

「ほーら、つかまえた。もう離さんぞ。焦らしおって、悪いヤツめ」

羽交い締めに抱きすくめられ、私は仕方なく天狗の腕におとなしく身を任す。

「トータスさま」

「うん、何じゃい」

「肉というのは、何のことでございましょう」

「何をとぼけておる。さっきそなたが横になっていたではないか。貧弱だが乗り心地はよさそうな、若い女の……」

治療院の方を顎でしゃくってみせる。

「あのぐらいの年頃は、なかなか食うのも大変じゃったろう。柔らかいが、活きがよすぎる。騙そうにも騙す餌がない。富や権力じゃ動かんし、愛だの恋だのわけのわからん邪魔が入る。

それが餌になるかと思えば、今度は肉が言うことをきかん。そっくり手に入れるには、さぞや手間がかかったろう。わしのコレは、老いぼれで先がない。新しいのに乗り換えたいんじゃが、方法を教えてくれんか。どうやってあの女を食ったんじゃ？」

ゾゾゾーッと身の毛がよだった。私の体を車か何かのように言っている。しかも人間の欲望を餌に中身を抜き取り、空になった体に棲みつくとは!! じゃあパチンコ店で見たネズミは、私の欲望の何かを削り食べて、その隙間に入り込んだということか！ ネズミだけじゃない。私の体の中には他に、もっと質の悪い何かがいる。そいつは私を食べ尽くして、私を追い出そうとしているのか!!

「まァまァ、そんな話は後でいい。それより、ううん、そなたの馨《かぐわ》しく艶《なまめ》かしい肌を、五百年ぶりに味わうとするかの」

舌なめずりする天狗に抱えられ、治療院に連れ戻される。腰に手を回され、畳の上に押し倒されて、ガサゴソ太股を撫でこすられる。剝き出しにされ広げられた股間に、天狗は巨大な鼻面を近づけた。熱い鼻息にクリトリスは縮み上がり、心臓が潰れるかと思うほど押さえ込まれて、私は恐怖のクンニリングスに気を失いそうになる。

今まさに、舌先がクリトリスをとらえ、鼻先が膣口に押し込まれようとした瞬間だった。横に寝転がっていた私の体が、グラッと大きく揺れて起き上がった。

「ふァ〜ッくしょん‼」

いつの間にかうたた寝をしちゃったらしい。何だかちょっと寒気がする。風邪をひいたんじゃなきゃいいけど。洗面所でスエットスーツの上下を着替えてから、正座して先生に挨拶をする。

「どうもありがとうございました。また、来月伺いますので」

先生は心ここにあらずといった表情で、ヌーッと私を見た。きっとGIレースの結果か何かが気になっているんだろう。立派な先生でも男は男、飲む打つ買うはやめられないのよと、常連のオバチャンたちが噂してたもん。

5

天狗の鼻に、危うくレイプされるところであった。あんなデカイのを入れられた日にゃ、抜こうにも抜けない悲惨な目に遭っていたに違いない。そしたら天狗と合体したまま、二度と自分の体に戻れなかったりして……。

いや、冗談ではない。二度と体に戻れないよう、何かが私の体を乗っ取ろうとしているんだ。そのことを、もっと自覚せねば。そして私は自分を守るために、とんでもない化け物と対決しなけりゃならないんだ。

体の奥底に蹲り、私は膝を抱えて思いを巡らす。私は自分自身に呼びかける。由美子、由美子、由美子……。


「由美子、由美子。今夜、ちょっと付き合ってくれないかなァ？」

退社時間にトイレで化粧を直していると、坂崎知恵が鏡越しに話しかけてきた。

「なによ、またノロケ話でしょ。嫌だよ、人の幸せなんか興味ないもん、あたし」

「ううん、違うの。別れちゃったのよ、彼とは終わり。そうじゃなくて、今夜は由美子に一緒について来てほしいところがあるの」

「なになになに、何で別れた？」

「う〜ん、何でって。それはまァ、一緒に来てくれればわかるよ。その前に」

知恵は私の後ろに回ると、髪を器用にアップにまとめてくれる。シャツのボタンを二つ外して、バッグから花びらの形のイヤリングと、お揃いのネックレスを取り出し、スタイリストみたいにそれを私につける。

鏡の中の疲れたＯＬが、いきなりイケイケネエちゃんに早変わりだ。知恵もピッタピタのシャツとパンツに着替えて、あっという間に見違えるほどド派手な女に変身する。

転がるように会社を出て、夕暮れの銀座を腕を引かれて、地下道に降りる階段めざして小走りに急ぐ。


私自身と話をするには、鏡を見ている時がチャンスだったのに、知恵のヤツが邪魔をした。何度呼びかけても私ときたら、バカな話に笑い転げてまるで気がついてくれない。

地下鉄の改札を抜けてホームに下りる。ちょうど電車が滑り込んでくるところだった。私は知恵の後について中に駆け込み、中央の吊革につかまる。

中吊り広告を見上げていると、知恵がまた話しかけてきた。電車は暗い地下のトンネルをゴーッと風をきって走る。知恵が何を言っているのか、私にはうまく聞き取れない。

その間にもう一度、私は私自身に呼びかける。と、万華鏡みたいに言葉がパラパラ休中に反射しながら返ってきた。


なァ～に、どうしたの？　どうした、どうした、ど～うしたんだい？


私はゆっくり私に尋ねる。

私の中にいるのは何？

私の中にいるのはあなた。

私以外に何かがいるわ。

私以外の何かは何？

歌うようにそう答えると、私ときたら何がおかしいのか、笑いをこらえてピクンピクン体を震わせる。私はムッとして言い返す。

笑いごとじゃないのよ。私が何かに乗っ取られそうなんだから。もっとよく自分を見て、何か感じない？　どこかおかしくない？

しばし沈黙。それから言葉が混濁し始める。

感じる……でも感じない……けど感じてる……から感じたい……それっておかしくない……わけない……わけない……わけない……。

アルコールも入ってないのに、一体どうしたんだ。壊れたオモチャみたいに勝手に言葉を吐き続ける。その間、私はずっと吊り広告を見上げたままニヤニヤ薄笑いを浮かべている。大丈夫だろうか、もう手遅れなのか、私は何者かに乗っ取られ、私の居場所はなくなってしまうのか！

「さァ、着いたよん」

知恵に肩をポンッと叩かれた。何だかボーッとする。慌てて人を掻き分け電車から降りたとたん、バシャバシャバシャと幻影が走り、目の奥にチリチリ焼け焦げるような痛みが走った。

「知恵、ちょっと待って、あたし気分が悪い」

生理でもないのに、何だかフラフラする。ホームのベンチに腰かけフーッと息をつく。

「どうしたの？　やだ、由美子、顔が青いよ」

知恵の肩に頭をもたせかけて、じっと目を瞑る。頭の中がグラグラ揺れている。吐き気もする。乗り物酔いみたいな気分の悪さだ。

「わかった、近くに友達んちがあるから、ちょっと休ませてもらおう。どうせ彼女とも、今夜会うことになってるし」

気持ち悪さが薄らいでからヨッコラショと立ち上がる。知恵に腕を組んでもらって、地下道を歩き階段を上る。駅からほんの五、六分という友達のマンションが、地の果てほどにも遠くに感じられた。

「どうしたのよ。いきなり電話かけてきて、これから部屋に来るなんて言うんだもん、焦っちゃうわよ。あら、そちら、どなたァ？」

「白井由美子さん、会社の同期。こちら、堀ノ内トシ子さん。昼間は利幸なんだけどね、日が沈むとトシ子になるの。それでェと、ちょっとベッド借りるわよ」

その場に崩れ落ちそうになる私を、トシ子さんがガッチリ抱きとめてくれる。

「体は華奢でも、さすが男ねェ」

知恵が手を叩いて誉めそやす。

「やめて、ふざけないで。どうしたのよ、このコ、何だかすごく弱ってるじゃないの」

「そうなの、さっきまで元気でピンピンしてたのに、電車に揺られて酔っちゃったみたい」

トシ子さんは、ベッドに横たわる私を覗き込むと言った。

「ひょっとして、お腹すいてるんじゃないの」

確かにこの一週間、ダイエットしてたから碌なものを食べていない。今日のランチも、缶のウーロン茶一本とノンシュガーのヨーグルトだけだった。食べないことが気持ちよくなってきたところだったのに……。

トシ子さんは、艶かしい背中を見せて台所に立っている。私のために中華粥を作ってくれているんだ。テーブルには既に、サヤエンドウと牛肉の牡蠣《かき》油炒めと、小エビとチンゲンサイのスープが並んでいる。

「トシ子って、ホント料理が上手いよね。あーあ、私が男だったらなァ、トシ子をお嫁さんもらうんだけどなァ」

「やッ、めッ、てッ」

エプロン姿で真面目な顔でそう言うと、トシ子さんはお粥の鍋をテーブルに置く。

「お粥がダメなら、スープだけでも飲んだ方がいいわ。デブになってもこの世は終わらないけど、食べなきゃおしまいよォ」

薄味の優しい舌触りに、思わずフニャンとなってしまう。それから二人が出かけるまでの間、少しベッドに横になることにする。

「残念だけど、また次のパーティーに誘うからさ。由美子、今夜は一人で帰れるよね」

知恵に言われて私は頷く。トシ子さんはドレスのジッパーを上げながら、

「そうよ、あそこには魑魅魍魎《ちみもうりよう》が跋扈《ばつこ》してるから、弱ってると魂抜かれちゃうわよ」

魑魅魍魎が跋扈する、そのうえ魂が抜かれちゃう。その言葉に私の何かがピンッと立ち上がった。ガバッと起き上がり、鏡の前で化粧を直す二人の間に割り込む。

「やっぱり行く。もう大丈夫だから、一緒に連れて行ってよ、ねッ」

トシ子さんは、クレオパトラみたいなアイラインを瞬いて知恵を見る。知恵は私の額に手を置くと、

「本当に大丈夫？　今夜は踊り明かすんだよ」と念を押す。私は口紅をぬりながら、大きく頷いてみせる。


おまえは誰だ！

そんな言葉を自分に投げつけることになろうとは。電車から降りる間際、おかしなことを呟き続ける自分にイライラして、思わず私は口走っていた。すると、ねばっこい膜に言葉がバウンドして戻ってきたのだった。

そういうおまえは誰なのさ？　誰、誰、誰なんだよ！

そして、最後に笑いをこらえて「ケロケロ」と喉を鳴らす音が聞こえたんだ。私はネバネバする意識の向こう側に目を凝らした。フルーツゼリーみたいに言葉は膜に閉じ込められて、私自身に届いていなかった。

私は膜を手繰り寄せた。すると、平たい頭が目の前に現れたのだ。その頭の両端には、人をバカにしたような薄笑いを浮かべた目がくっついていた。

「しまったケロッ」

それは、背中にあぶくのような卵の山を背負った大きなカエルだった。

よく見ると卵には、一つ一つ文字が産みつけられている。カエルは私と目が合うと、ベタベタ逃げ場を探して跳びはねた。

と、背中の卵がこぼれだし、転がった文字が目玉のように私を睨んだ。私は卵を私の体の外に蹴り飛ばしながら、必死にカエルの後を追った。しかしカエルは、体の中を、勝手知ったる何とやらといったふうに、カエルの面に小便といった顔で、ベタベタ逃げ続けたのだった。

　トシ子さんの小エビとチンゲンサイのスープを一口飲むまでは、軍配はカエルに上がっていた。だがスープを飲んだ瞬間、カエルは恐怖に顔を歪め、シュポンッと体の外に飛び出して行ったのだ。

　ダシが効いているとは思ったが、ひょっとしたらカエルの干乾しでも使ったのだろうか。おかげで目の前がスーッと開けて、私はやっと私の意識とつながることができた。

6

　レインボーカラーの旗がひらめく入口の、ランプの灯った細い階段を降りてゆくと、中からスローなダンスミュージックが流れてきた。

　薄暗いフロアには、トシ子さんに負けない厚化粧の男もいれば、ベリーショートにナチュラルメイクの少女もいる。知恵みたいなケバイ女もいるし、学校帰りみたいなウブな格好の少年もいる。みんなタバコやグラスを片手にリズムに合わせて、海草のように体をくねらせ踊っている。

「由美子を紹介してくれっていう人が、どこかにいるはずなのよ。ちょっと捜してくるからさ、ここで待っていて」

耳もとに口を近づけそう言うと、知恵はフロアに降りてゆく。トシ子さんはタイトなドレスのスパンコールをキラキラさせて、既に深海魚みたいにフロアを泳いでいる。

私は隅に空いていた椅子に腰かけた。トシ子さんの言うとおり、店の中は怪しい気配に包まれている。

ジンライムのグラスを額に当てて、発砲する液体をとおして店を眺める。壁には水底に映る光の模様が浮き上がっている。それがグラスに星の渦巻く銀河となって映し出されていた。

入口付近のカウンターには、女のコたちのグループが輪をつくっている。グラスをとおすと、頭を揺らして笑う彼女たちの姿が、夜の池に咲く蓮の花になっていた。

リズムが変わり、アップテンポな曲が流れ出す。横にいた少年二人がフロアに駆け降りる。向かい合って体をすりつけクルクル回りながら踊る二人の姿が、グラスの中では燃え上がる一つの炎に変わっていた。

思いもよらないものに映るのが面白くて、私はグラスを掲げたまま、フロアにいるトシ子さんを捜す。スレンダーな体をくねらせて、トシ子さんは白いサマーセーターを着た男性と踊っていた。グラスをとおして眺める。

と、そこには長い尻尾をクネクネさせ、背中に羽を生やした大きな悪魔が映っていたのだ。

慌てて目をグラスから離す。じっと見ている私に気づかず、トシ子さんは男性の肩に手を置き、妖艶《ようえん》に微笑みながら何か耳打ちしている。私はもう一度、恐る恐るグラスの向こうを眺めた。そこにはやっぱり悪魔がいて、彼は白くて可愛いドラゴンの子どもを抱き締め、頰ずりをしていた。

天井を仰いでフーッと息をつき、グラスを呷る。まだ酔っちゃいないのに、まさかこれも不定愁訴のせいなのか……。

「ねェ、ひとり？」

見ると隣に、小柄な女が座っていた。色白な肌に、金のネックレスが揺れている。

「友達と来たんだけど……」

知恵はどこに行っちゃったんだろう。人の渦に飲まれて姿が見えない。

「踊ろうよ」

誘われるままに手をとられてフロアに出る。細い指は私の手を握ったまま、踊っている間も離さない。彼女の髪からは気が遠くなるような強い花の香りが立ちのぼっている。

あっと思う間もなく、小さな唇が私の喉に触れた。

「会いたかった……」

女の声に、私の体から冷たい汗が噴き上がる。唇は耳たぶを舐め、頰を撫でて私の唇と重なる。薄い舌が歯の上を撫でる。握られた手に爪が刺さる。私は微かな痛みに声を漏らす。そのとたん、舌が歯の間に滑り込んだ。喉の奥まで、舌先はクネクネ伸びてゆく。

私は女を突き飛ばし、踊る人を搔き分けて、フロアの隅に逃げ込む。トイレのドアを開け中に飛び込むと、知恵がロングヘアの女のコと抱き合っていた。

「ああ、由美子。ごめん、紹介しようと思っていた彼女が見つからなくてさァ」

私はコックをひねって、洗面台に覆い被さり水で顔をはたく。手に水をすくって一口含み、口をすすぐ。

その時、バタンと音がして、さっきの女が冷たい微笑みを浮かべて入って来た。

「何をしているの」

女は鏡越しに私を見る。私は洗面台の上にあったガラスの花瓶からユリの花を毟り取り、それを翳して、鏡に映った自分と女を見た。

「なんだァ、もう知り合いなんじゃない。由美子、彼女だよ、紹介しようと……」

知恵がしゃべり終わる前に、空間が凍りついたように固まった。知恵とロングヘアの女のコはマネキンみたいに動かない。トイレから出て来るポーズのまま、金色に髪を染めた少女がドアにくっついている。

鏡には、全く同じ顔が二つ映っていた。どっちも血の気のない真っ青な顔をしている。

「いつまで私の体の中にいるつもりなのよッ。早く出て行って！」

後ろの女が抑揚のない声で言う。

「私の体って……。この体は私のよ」

自分の声が情けないほど震えているのがわかる。

「ふざけないで。あなたのせいで、私はもうこんなに消えかかっているの。出て行かないなら、こうしてやる!!」

ザラザラと乾いた音がした。振り向くと、女は今にも私に飛びかからんとするところだった。女の体は宙に浮き、下半身は空気に溶けたように消えかかっている。ただし、その下半身には脚がなかった。花瓶をとおして見なくても、私の目には女は大蛇に映っていた。

パニックに私は頭を抱えて立ち尽くす。どうしたらいいんだ、どうしたら、どうしたら……。

次の瞬間、私の股間から黄色い影が溢れ出した。まるで手品みたいに、ピヨピヨピヨピヨと可愛いヒヨコが、股の間から出てきたのだ。トイレの黒いタイルに黄色いヒヨコが水玉みたいに散らばって、茫然とする私の目の前で、女は手づかみでそれを貪り始めた。

私は恐怖に泣きながらトイレを出る。ダンスフロアでは蔓草やヒトデや電柱が、それぞれのリズムで踊っていた。振り返ると、私の後をヒヨコが列をなして追いかけてくる。その後ろから、下半身大蛇の女がついてくる。

発狂しそうになって、私はダンスを踊る悪魔に駆け寄った。

「お願い、あの蛇をどうにかして」

悪魔は大きな目をパチクリさせて私の指さす方を見る。

「あ〜ら、イヤだ。ねェ、ねェ、ドラちゃん。あんた、何とかしてやってよ」

白くて可愛いドラゴンは、フンッと鼻を鳴らすと、私の真後ろに迫る蛇女を一瞥した。そして私の体をやんわり横に押しやり、口からゴーッと火を噴いた。ダンスフロアに一瞬炎の柱が立ちのぼる。

「きゃ〜ん、きれい♡」

逞しい腕に抱かれて、最後に私が覚えているのは、悪魔……じゃなくてトシ子さんの、桃色の嬌声だった。


あのパーティーがあった夜から、まだ私は一度もハッチアウトしていない。あんなに知りたいと思っていたハッチアウトする方法と戻る通路を発見したのだが、それを試す勇気もない。もう奇妙な体験は、したくもないし見たくもないのだ。

坂崎知恵はレズビアンに転向したが、相変わらず私にノロケ話を聞かせようとする。トシ子さんには会っていないが、お元気だということだ。
魔法は解けてすべては元どおり。そう思えば問題はない。だが私は、トイレで自分の下半身を見ていない。つまり私自身が蛇女じゃない証拠はどこにもないのだ。

（了）

# 解説

伏見憲明

少し前、僕の周りでは、ある芥川賞受賞作に話題騒然！　であった。

それはメディアの注目度が高かったので、普段、小説なんてまったく読まない友人のQ子も、気まぐれに読んでみたのだそうだ。

「でもね、どこが面白いのかさっぱりわからないのよ！　感動もなければ、何か学んだ気になるわけでもなし。どんなに想像をたくましくしても、そこに奥深いものが隠されているとも思われない。もう金返せって感じ!!」

Q子の剣幕に背中を押されるように、僕も正直にカミングアウトした。

「たしかに、僕も、あの小説の何を面白がっていいのかまったくわからなかった。やっぱ読み手をあざとくごまかしているとしか思えない」

　そのやりとりを聞いていた、やっぱり文学なんぞに無関心の友人の何人かが、そんなにつまらないのならぜひ読んでみよう！　というふうに盛り上がった（それもどうよ、という感じだが）。

　後日の読書感想会ではこんな会話が交わされたのである。

「こんなヒマな小説読んで感動するやつがいたら、絶対に友達にならない」

「退屈すぎる。あまりにげせないので、選考委員の選評まで図書館で調べて読んでみたけど、それも爆笑もの」

「これが時代を映しているようなものなら、そんな時代、ひたすらどうでもいい」

　結局、僕らの間で、その小説には「逝ってよし」という判決が下され、「文学は人をバカにしすぎている」という結論に至った。

　その友人たちは文学にこそ関心がないが、知的な仕事にそれぞれ関《かか》わっている連中だ。僕はときどき書評の仕事などでいわゆる文学作品なども読んだりするのだが、純文学的なものの水準が、他の分野の表現に比べて著しく低い、もしくは時代遅れのような気がしていた。だから、連中との会話で、それが「裸の王様」であることを再確認できて、なんだかほっとしたのである……。

翻って、斎藤綾子である。彼女の作品ははたして文学なのか。

もちろん、その文脈で斎藤作品を評価することは可能である。というよりは、十分すぎるほど称賛に値するだろう。

山田詠美が『ベッド タイム アイズ』でデビューし、女性作家による赤裸々な性描写が話題になったのが80年代半ば。そのずっと以前、70年代末に斎藤綾子は『愛より速く』の連載を雑誌で始めている。そこで表現されたものはまさに女性の主体的な性であり、男性と、自らの肉体を徹底的に対象化し、エロス化するまなざしであった。山田詠美の出現やフェミニズムの台頭を予言するがごとく、斎藤は孤高に、女性のエロスの可能性を探求していたのだ。そしてその観察眼も表現技術も、実に卓抜なものだった。

しかし、それは早熟だったがゆえに、また時代にあまりにも先んじていたがために、才能と評価されるよりは、「異様な嗜好《しこう》」としてしか認められなかったかもしれない。後の山田詠美の世界でさえ、性愛の中にロマンティックな指向を多分に残しているというのに、『愛より速く』ではすでに、セックスは軽やかに恋愛からテイクオフしている（そういう意味では、斎藤は山田の後に世に出るべきだったともいえる）。また、90年代になって初めて浮上するセクシュアリティの多様性すら自ら表現していた。

　斎藤はセックスをセックスとして堪能《たんのう》し、自由に肉体を「使用」して遊ぶことができる90年代のコギャル世代以降の女性のありようを先取りしていたわけだ。いや、それだけでなく、家族制度からも恋愛からも生殖からも自由になる、21世紀の性的身体を浮き彫りにしていた。けれども二十年以上前では、それは、やはり「ありえない！」ことでしかなかった。結果、斎藤綾子の作品は、一部のインテリの注目を集めるだけで、きわものポルノグラフィーとして周縁に押しやられてしまったのである。

　しかし、近代という欲望解放の論理を推し進めていけば、女性であろうがなんであろうが、斎藤のような性愛の地平に到達するのは必然である。近代以前には「色」という概念しかなかった日本社会において、性と愛を分節し、前者を後者に従属させる関係性が正しいとされたのが明治以降の性愛状況であった。が、欲望の解放を突き詰めていけば、いずれ、性も愛からの呪縛を解かれ、自律的に追求されるのが必至。斎藤作品はその帰結を十全に体現していて、ある種の普遍的な方向性を示していたといえる。

　それが証拠に、『愛より速く』などは現在、彼女と親と子ほどに離れた世代によってリアルな物語として広く読まれている。いや、今やいっそうリアリティを持って、人々に消費されている。彼女の本の装丁は人気漫画家、安野モヨコのイラストが使われることが多いが、それは現在の若い世代の感性を表してあまりある安野の世界と、斎藤の世界がシンクロしていることを見事、象徴している。斎藤の文体と、安野のタッチは、いささかの違和も生じてない。

いったい四半世紀も前に書かれた小説で、現在もリアルなものとして読まれている文学作品がどれだけあるのか。名作として批評家に絶賛されても、数年後には人々の記憶の中にも残っていないのが、大方の小説の末路だろう。それに比較して、斎藤綾子の需要のされ方は、古典とされる作品と変わらないのである。その尋常ならざる現象を鑑《かんが》みるだけでも、斎藤綾子はもっともっと文学的に高く評価されていいはずだ。

などといえば、エッチな作品だから売れていると反論する向きもあろうが、女性作家が描くエロスなどもはや巷《ちまた》に溢《あふ》れているご時世で、斎藤の作品が売れている背景を、文学の関係者はもっと真摯《しんし》に考える必要があるだろう。

けれども、文芸マニアでもない僕としては、斎藤の表現物を文学として位置づけられるのも、また満足いくものではない。

これまで文壇的な場で、彼女の作品は男性の論者から、社会や時代に対する「対抗」として評価されたり、あるいは、「対抗」としてはいささか甘いと批判されてもきた（小林信彦氏などは「悪意」という言葉で語っていたが）。また、ある女性の文芸評論家はそれらを受けて、斎藤綾子はもっと既成の文学を揺るがすものが書けるはずだ、と期待をかけたりしている。

しかし、僕は斎藤作品を、反社会性とか、既存の文学に対してどうのと論じるのは馴染《なじ》まないような気がしてしまうのだ。はっきりいって、そうした軸を立てること自体、かなーりイケてない。

僕は彼女の作品の中でも『スタミナ！』を圧倒的に評価しているのだが、これなど、もはやエッセイでもフィクションでもなく、独特の表現の域に達している。そこではエッチな言葉がリズミカルな言い回しに乗せられて、まるでクラブミュージックのように身体をどんどこかけめぐる。あるいは、パンクロックのように、頭を殴り付けるパンチが連打される。

それは、意味とか何とかより、ただ気持ちいいのだ。言葉という音楽ともいえるし、言葉の暴力とも感じられる。そこに言語化されたものは、近代文学が表した自我の欠損を埋めるための根暗な作業でもなく、はたまた成長や癒《いや》しを綴《つづ》ったものでもなく、それ自体が一つのエロス、快楽になっているのである。斎藤の作品を「ただのエッチ小説だからいい」とした批評家もいたが、「ただのエッチ」と「すんごいエッチ」は似て非なるものだ。

こうした作品群を、僕は今更、文学という枠組みの中に置いて語ることの無意味さを強く感じてしまう。そう、僕らは、斎藤綾子の世界において、言葉によって織りなされる濃厚なグルーブ感こそ、体感すべきなのである。

その、ただごとでない気持ちよさがわからないような輩《やから》は、やはり「逝ってよし」というほかない。

さて、本書『良いセックス 悪いセックス』であるが、これは、斎藤綾子による斎藤ワールドの啓蒙書ともいえる一冊となっている。エッセイ、書評、人生相談、短編小説と、方法論の異なる斎藤綾子が寄り集まって凝縮しているので、これほど彼女の芸幅が堪能できる本もないだろう。

ここでは、チンコ、マンコと唾《つば》を飛ばしながら語る彼女の疾走が、90年代以降の、ジェンダー／セクシュアリティの再編と見事シンクロしている。斎藤は近代的な性愛倫理や性役割を、ユーモラスに解体して見せる。

エッセイなどでも至芸を見せてくれるのだが、個人的には、お悩み相談の名回答ぶりがとくにお気に入りだ。

例えば、浮気と本気の違いについて。浮気の相手とはサラッと別れることもできるが、再会してきまぐれにセックスすることもできる。本気の場合は、別れた後に再びセックスする気力はない、と斎藤は定義する。その上で、でも本当のところ浮気と本気のどちらが内実のあるものなのか、と斎藤は疑問を呈するのだ。読み手はそのどんでん返しに、自らの抱いていた良識のウソくささを暴かれてしまう。

その辺りの、当たり前ではない、もっといえば、婚姻に相同する性愛観とは異なる視点が、彼女の真骨頂になっている。そして建前や倫理を軽く喝破する分析は、笑いの中にどこか狂気を秘めている。

斎藤綾子は自身のマンコを掻《か》きむしりながら、その奥にあるものを引きずり出そうとしているかのようだ。その本気さ加減が、いわゆる作家になりたい女性と、作家になど（たぶん）なりたくもなかったのに、股間をさらしてまで？書かざるを得なかった斎藤との違いだろう。

『良いセックス　悪いセックス』は、そういう彼女の断片をキラキラと映しだしている。膣のようにヒクヒクと痙攣《けいれん》しながら、その大奥にある豊穣《ほうじよう》な闇《やみ》の世界を垣間見せているのだ。

――評論家

この作品は二〇〇一年一月小社より刊行されたものです。

# 幻冬舎文庫

●好評既刊
スタミナ！
斎藤綾子

ヤッてヤッてヤリまくる。死んでもいいってほど気持ちいいコトがしたいのよ♡　マシンガンより過激なエッセイ集ついに文庫化。みんなバテてる場合じゃないよ、さあレッツGO！

●好評既刊
フォーチュン クッキー
斎藤綾子

男は指先で直腸の薄い肉を押しながら、膣に挿入したペニスを激しく動かす。膣は熱く充血しビクンビクンと震え始めた——。ギラギラの文体で描く、永遠不滅のエロティシズム二十六編！

●好評既刊
知らない何かにあえる島
斎藤綾子

マユミに誘われて行ったあの島で、私はセックスよりも気持ちイイことを知る。あれは神秘的な体験だった……。撮り下ろしカラー写真や書き下ろし小説を二編くわえて生まれ変わる幻の名著！

●好評既刊
快楽は重箱のスミに
酒井順子

足や顔も舐めて欲しいざりざりの「猫の舌」、大きい面積を一度にそーっとはがす日焼け後の「皮剥き」。身近にあってなんだかセコい、しかしハマれば二度と抜け出せない快楽と禁断のエッセイ集。

●好評既刊
煩悩カフェ
酒井順子

「ボーイフレンドの手帳を盗み読みしたい」「他人を太らせたい」。嫉妬、優越感、怠惰、色欲など、女ならば誰しも思い当たる煩悩30！　彼だけには絶対読ませたくない男子禁読のエッセイ集。

良《よ》いセックス 悪《わる》いセックス

斎藤綾子《さいとうあやこ》

平成15年8月5日 初版発行
平成17年2月5日 7版発行

発行者———見城 徹

発行所———株式会社幻冬舎

〒151-0051東京都渋谷区千駄ヶ谷4-9-7

電話 03(5411)6222(営業)
03(5411)6211(編集)
振替00120-8-767643

印刷・製本—図書印刷株式会社

装丁者———高橋雅之





幻冬舎文庫

ISBN4-344-40402-5 C0195 さ-4-4